图书馆阅读推广基础手册

曲莎薇 著

哈尔滨工业大学出版社

图书在版编目（CIP）数据

图书馆阅读推广基础手册/曲莎薇著. --哈尔滨：哈尔滨工业大学出版社，2024.7. --ISBN 978-7-5767-1577-4

Ⅰ.G252.17-62

中国国家版本馆 CIP 数据核字第 2024EM0242 号

策划编辑　闻　竹
责任编辑　佟　馨
封面设计　博鑫设计
出版发行　哈尔滨工业大学出版社
社　　址　哈尔滨市南岗区复华四道街 10 号　邮编 150006
传　　真　0451-86414749
网　　址　http://hitpress.hit.edu.cn
印　　刷　哈尔滨久利印刷有限公司
开　　本　787 mm×1 092 mm　1/16　印张 9.5　字数 176 千字
版　　次　2024 年 7 月第 1 版　2024 年 7 月第 1 次印刷
书　　号　ISBN 978-7-5767-1577-4
定　　价　69.00 元

（如因印装质量问题影响阅读,我社负责调换）

前　言

作为一种社会机构,图书馆在与社会互动的过程中,既要尽其所能地满足社会的要求,又必然会受到社会的影响和制约。由于社会是随着历史的发展而不断变化的,与之相应的,图书馆也应该是一个"生长着的有机体"。它必须根据社会发展的具体时境来调整自身的发展策略,不断吐故纳新,以回应社会变化所带来的新诉求。反之,如果不能适应这种变化,图书馆就会割断与文化之间的联系,逐渐丧失其社会目的与社会责任,陷入"停止生长,走向死亡"的境地。因此,谢拉曾明确指出图书馆最大的敌人就是僵化。同理,对图书馆(学)界而言,机械而死板地认识图书馆现象及规律也是致命的。事实上,在人类无限接近真理的道路上,既没有一成不变的理解和诠释,也没有一劳永逸的理论建构,所有这一切皆应是立足于发展实际而持续更新的。这就要求图书馆人在思想方法上遵循"有即事以穷理,无立理以限事"(王夫之语)的原则,以便正确地认识客观规律。唯有如此,图书馆的生长才不会被固化的成见所限定,也不会因此而落伍于时代。

随着信息时代的到来,以传统文献服务为主的图书馆遭受冲击。为了回应时代发展的新诉求,重拾图书馆的存在价值,图书馆(学)界积极探索图书馆这一"生长着的有机体"的可能发展空间。在这种情况下,阅读推广顺势成为图书馆的新兴主流服务,阅读推广理论研究亦成为图书馆(学)界高度重视的热点问题。然而,就现有的研究成果看,学界对阅读推广基础理论的探讨仍存在诸多不足,具有前瞻性的理论研究亦较为匮乏。由于缺少足够的理论指导,人们在阅读推广实践中很容易产生"只知低头拉车,不知抬头看路"的现象,甚至因为错认了方向,而出现"越是全速前进,越是背道而驰"的隐性后果。鉴于此种情况,本书秉持着"不离事而言理"的基本原则,试图从社会的现时样态及图书馆的发展实际出发,对图书馆阅读推广的基础理论和关键实践问题进行全新的阐释,以期为图书馆员正确地进行阅读推广实践做出一份贡献。

作者
2024年2月

目 录

第一章 图书馆与阅读推广 … 1
- 第一节 阅读推广概述 … 1
- 第二节 图书馆阅读推广的兴起 … 5
- 第三节 图书馆的存在价值与阅读推广的关系 … 10
- 第四节 图书馆阅读推广的核心价值 … 16
- 第五节 实现图书馆阅读推广核心价值的重要意义 … 18

第二章 阅读的历史 … 22
- 第一节 阅读的起源 … 22
- 第二节 中国阅读史概况 … 26
- 第三节 西方阅读史概况 … 48
- 第四节 中外社会阅读活动形式 … 57

第三章 阅读与阅读文化 … 63
- 第一节 阅读的定义 … 63
- 第二节 阅读的本质特征 … 64
- 第三节 阅读的基本类别 … 69
- 第四节 阅读对个人的价值 … 73
- 第五节 阅读对社会的价值 … 84

第四章 阅读能力 … 88
- 第一节 选择能力 … 88
- 第二节 感知能力 … 96
- 第三节 理解能力 … 100
- 第四节 思考能力 … 105
- 第五节 评鉴能力 … 111

第五章　阅读方法 ················· 118

第一节　循序渐进式阅读法 ············· 118

第二节　广博专深式阅读法 ············· 120

第三节　聚焦精髓式阅读法 ············· 122

第四节　知行合一式阅读法 ············· 126

第五节　多元笔记式阅读法 ············· 128

结语 ························ 134

参考文献 ······················ 144

第一章 图书馆与阅读推广

第一节 阅读推广概述

一、全民阅读与阅读推广

阅读是一种从书面语言和其他书面符号中获得意义的社会行为实践活动和心理过程。人类的阅读行为自古有之,其历史可谓源远流长,但"全民阅读"这一潮流却是近五十年才开始出现和发展壮大的时代产物。"全民阅读"的兴起主要得益于联合国教科文组织(UNESCO)自20世纪70年代发起的一系列活动与倡导。其中,联合国教科文组织于1995年通过了由西班牙政府提交的方案并将每年的4月23日作为"世界读书日"这件事,成为推动"全民阅读"遍地开花的重要契机。世界读书日设立的目的是"希望散居在世界各地的人,无论你是年老还是年轻,无论你是贫穷还是富裕,无论你是患病还是健康,都能享受阅读的乐趣,都能尊重和感谢为人类文明做出过巨大贡献的文学、文化、科学、思想大师们,都能保护知识产权"。可以看出,设立世界读书日的宗旨就在于宣传图书在社会发展中的巨大作用,促成人们读书习惯的养成,以协力建设一个人人爱书、个个爱读的"阅读社会"。有资料表明,自世界读书日宣布以来,在全球范围内,已经有超过100个国家和地区参与此项活动。很多国家为了推进全民阅读服务的整体水平,提高民众的阅读兴趣,积极采取多种措施。这些国家结合本国的实际情况,号召社会各界广泛合作,在世界读书日当天或世界读书日前后一周、一个月的时间内开展一系列丰富多彩的阅读推广活动,构成一幅全球共读、地域特色鲜明的书香图景。可以说,"全民阅读"是一场历史上从未有过的"阅读革命",无论从阅读的人数、理念、目的,还是阅读的环境、载体、方法来看,都有着不同于过去任何时期的内涵和价值。总体来看,"全民阅读"具有以下几个重要特征:全民阅读以政府主导为核心,积极倡导多方共同参与;全民阅读以促进阅读为目标,营造良好的社会阅读氛围;全民阅读以惠及全民为范围,重点保障未成年人及其他特殊群体;全民阅读以兼容并包为理念,促进阅读内容优质和引导数字阅读活动。

为了响应"全民阅读"这一全球性主张,我国在1997年1月首次从国家层面提出了以"形成全社会爱书、读书、利用图书馆的良好风尚"为总目标的"知识工程",这是以发展图书馆事业为手段,以倡导读书、传播知识、推动社会文明与进步为目的的一项社会文化系统工程。"知识工程"实施后,我国举办了一系列全国性规模的全民阅读活动,如1999年的读书征文活动,2000年组织各系统图书馆开展的以"传播科学知识、宣传科学思想倡导科学办法、弘扬科学精神"为主题的阅读活动等,都获得了显著成效,对社会阅读氛围的营造产生了积极的影响。2004年4月23日,全国知识工程领导小组和文化部联合主办、中国图书馆学会和国家图书馆承办的以"倡导全民阅读、建设阅读社会"为主题的"世界读书日"系列宣传活动拉开序幕,中国公众开始了解"世界读书日"。2006年的4月23日,中国图书馆学会联合中宣部、中央文明办联合新闻出版总署、文化部、教育部、解放军总政治部宣传部、中华全国总工会、共青团中央、全国妇联中国科学技术协会、中国作家协会等11个部委,共同向社会提出倡议,在4月23日世界读书日前后,开展"爱读书,读好书"的全民阅读活动。与此同时,中国图书馆学会为了更加广泛地宣传4·23"世界读书日",于2006年向联合国教科文组织申请"世界读书日"徽标在中国的使用权。此申请立刻得到联合国教科文组织的同意。为此,在国家图书馆"4·23广场活动"中特别举行了联合国教科文组织官员向中国图书馆学会使用"世界读书日"徽标的授权仪式,并公布了中国的"全民阅读"徽标。此后,国家其他部委和各地方政府也积极推行全民阅读,出台了一系列文件、法规和政策。党中央和国务院已明确把推动全民阅读列为重要的社会活动,充分体现了党和政府对全民阅读活动的重视。在这种倡导下,"全民阅读"已经从一个新鲜的理念成为国人所熟知的热词,全民阅读工作也逐渐走向常态化。为进一步巩固扩大已有成果,中宣部、新闻出版总署在已有工作基础上,继续会同中央文明办、教育部、民政部、文化部、全国总工会、共青团中央、全国妇联、解放军总政治部等部门,逐步加强对全民阅读活动的组织领导和协调,丰富活动的内容和手段,以求在全社会形成"多读书、读好书"的良好舆论氛围和文明风尚,提高全民族思想道德和文化素质。在这种情况下,阅读推广作为助推全民阅读发展的重要方式,走上了历史舞台。

二、阅读推广是什么

"阅读推广"一词来源于英文的"reading promotion","promotion"除了可翻译为"推广"外,还有"促进、提升"的意思,所以也有人将"reading promotion"翻译为"阅读促进"。国际上发出全民阅读的倡议之后,我国也迅速响应,自1997年以来,"阅读推广"开始频繁出现于各类媒体,成为新闻出版、公共文化服务、图书馆服务等领域的一个常用词、关键词。尽管如此,对于"什么是阅读推广",目前学界、业界尚没有一个明确而统一的定义。不过,已经有诸多研究者提出了他们的观点,这些观点均能帮助人们从不同角度和视域来理解阅读推广。其中比较有代表性的有:

王辛培认为,阅读推广是图书馆、出版机构、媒体、网络、政府及相关部门等为培养读者阅读习惯、激发读者阅读兴趣、提升读者阅读水平、促进全民阅读所开展的有关活动和工作。

万行明认为阅读推广即推广阅读,就是图书馆及社会相关文化机构或组织以培养读者阅读习惯、激发读者阅读兴趣并提升读者阅读水平为目标而开展的一切工作的总称。

赵俊玲等人指出阅读推广主体、阅读推广课题、阅读推广对象、阅读推广方式这四个方面是理解阅读推广的出发点,以此明确谁来推广、推广什么、向谁推广和如何推广等问题。

张超认为,阅读推广就是指把阅读这一富含动态特征的思维活动作为一个作用目标,然后通过某种特定渠道或者方法,改变阅读的作用区域及其影响范围,使它的受众更容易、更简单地接受它、参与它的一种文化传播活动。

刘开琼认为,推广即扩大事物使用的范围或某作用的范围,阅读推广是将阅读这种认知过程向更广的范围传播使更多的人参与阅读活动。

谢蓉认为,阅读推广活动从本质上可以归结为一种传播活动,符合传播学的一般原理。根据传播学理论,任何阅读推广活动不外是对推广主体、阅读者、阅读对象以及推广媒介等要素在一定时空范围内进行一定的设计、组合、组织和配置的结果,通过它们之间的相互作用,达成诸如"促进知识分享、提升精神层次、获得有用信息及愉悦身心"等阅读目的。

方俊琦认为,从文化传播学的角度来说,阅读推介是一种阅读文化传播,因此必须从影响文化传播的要素探析阅读推介,包含文化环境建设、文化的自主性、文化传播的共同语义空间的建构、文化的互动性以及利用多元文化相结合为阅读推介提供平台等多方面要素。

张怀涛认为,"阅读推广"就是推广阅读,简言之是社会组织或个人为促进人们阅读开展的相关活动,也就是将有益于个人和社会的阅读活动推而广之;详言之就是社会组织或个人,为促进阅读这一人类独有的活动,采用相应的途径和方式,扩展阅读的作用范围,增强阅读的影响力度,使人们更有意愿、更有条件参与阅读的文化活动和事业。

王波认为,阅读推广就是为了推动人人阅读,以提高人类文化素质、提升各民族软实力、加快各国富强和民族振兴的进程为战略目标,而由各国的机构和个人开展的旨在培养民众的阅读兴趣、阅读习惯,提高民众的阅读质量、阅读能力、阅读效果的活动。

周燕妮指出,"阅读推广"是在"阅读辅导""阅读指导""导读"等概念的基础上发展而来的,简单地讲,就是推广和促进阅读。从传播学角度来看,阅读推广是以"倡导阅读,弘扬文化"为主题的信息传播活动,是信息符号传送并且相互作用的过程,是一种基于传播学的信息推介行为;从教育学角度来看,阅读推广是一种教育辅导活动,是在阅读活动过程中对阅读者施予积极有益的指点和辅导,以加强阅读效益、提高全民素质的教育活动;从社会整体的角度来看,阅读推广是以阅读为中心而开展的各种以促进全民阅读为目标的活动总和。总而言之,阅读推广包含两层含义:一是阅读指导,即阅读能力、阅读技法、阅读心理、阅读理解等阅读教学的相关内容;二是阅读促进,即通过多元化的形式和媒介引导社会阅读,培养阅读兴趣,提升阅读素养,建设书香社会。

赵俊玲、郭腊梅和杨绍志在《阅读推广:理念·方法·案例》一书中指出,要理解阅读推广,必须从四个方面进行解释,即阅读推广主体、阅读推广客体、阅读推广对象、阅读推广方式。阅读推广主体是特定阅读推广项目的策划者、组织者、实施者和管理者,由于各自职能、拥有资源、所处角色不同,所启动的阅读推广项目的目的不同,推广主体的特点和职能也有所区别。阅读推广客体是指要推广什么,阅读推广的客体应该是阅读读物、阅读能力和阅读兴趣三者的结合。阅读推广对象即阅读推广项目的目标群体,每一项阅读推广项目必须清楚地分析其推广对象的需求和目的,从而有针对性地策划主题、推广符合其目标群体特点的阅读活动,使受众需求达到最大限度的满足。阅读推广方式是指采用哪种方式、策略向特定目标群体进行推广。在这四方面中,阅读推广对象是阅读推广的核心。阅读客体和阅读推广方式都要围绕推广对象展开,不同的目标群体,其阅读推广的读物选择、阅读推广的侧重点都会有所区别。

阮莉萍、朱春燕等学者在其著作《阅读推广理论与实践》中,在总结不同学者对阅读推广的理解的基础上,从阅读推广的目的、主体、对象、内容和方式这五个要素出发,提出了如下观点:在阅读推广过程中,阅读推广主体基于某一目标,面向特定的推广对象,选择有针对性的推广内容,并选取相应的推广方式,以期达到预期效果。其中,阅读推广主体是活动组织和实施的操控者,阅读推广对象是核心,阅读推广内容和方式都必须为推广对象量身定制。不同的目标群体,其阅读推广内容、阅读推广方式的侧重点都会有所区别。阅读推广对社会和个人而言,具有多种意义和价值,这些意义和价值包括:培养个人阅读习惯、强化图书文化作用和改善国民阅读状况等。

总而言之,阅读推广就是为推动全民阅读的实现而开展的与指导阅读、激励阅读、促进阅读等相关的实践。

阅读推广的主体类型众多,从国际组织、各级政府到社区、家庭乃至个人,从教育机构、大众传媒出版机构到图书馆、民间组织、企事业单位等各行业或领域都可以成为阅读推广的主体。其中,图书馆以其独特的资源、环境及服务优势成为开展阅读推广工作不可忽视和替代的重要主体。阅读推广也顺势成为图书馆的一项新兴主流业务,对阅读推广的研究亦引起图书馆(学)界的高度重视。

第二节 图书馆阅读推广的兴起

毋庸置疑,阅读推广现已成为图书馆的一项新兴主流业务。但问题是,自现代意义上的图书馆诞生之日起,以推广和促进阅读为目标的阅读推广就应是图书馆的一项重要本职工作,可为什么却是在进入21世纪后才一跃成为图书馆的主流业务呢?

张世英在《哲学导论》中指出,任何历史事件的发生都离不开其特定的背景。可以说,事件与其发生背景是一个有机的不可分割的整体。作为21世纪初图书馆发展的重要事件——阅读推广一跃成为图书馆的新兴主流业务,自然有其深刻的发生背景。除了阅读推广是社会发展的要求、国际社会的倡导外,阅读推广的兴起主要与图书馆自身所遭遇到的生存发展危机有关。

自20世纪70年代起,图书馆的生存与发展就遭受着信息时代和消费时代到来的双重挑战:

一方面,现代人生活在信息社会是不言自明的。英国学者弗兰克·韦伯斯特在其著作《信息社会理论》中,从科技的、经济的、职业的、空间的、文化的等五个层面揭示了信息社会的五种定义。他认为这五种定义面向之间不是相互排斥的,而是具有共通点的,这个共通点就是:绝对信服信息变革在量上的积累,最终形成质变,从而组成一个新的社会类型——信息社会。美国学者威尔伯·施拉姆和威廉·波特在《传播学概论》中指出信息社会具有以下特征:①更多的信息流动,可能产生信息超载。②信息将来得更快,迫使人们创建一些机制和机构,以更有效地对信息进行审视、分类和处理。③来自远处的信息将占更大比例。有了观望世界的宏大电子窗口,有了与地球上任何地方和任何人直接联系的能力,人与人的关系、个人与政府间的关系都会做一些调整,个人与政府对世界的观照都会不同于过去。④自无线电台问世以来,更多的信息流可能是点对点的流动而不是点对面的流动。这就需要我们重新审视媒介系统。⑤对那些能够迅速获取信息、有效加工信息的人,信息将成为重要的力量源泉。可以说,信息社会必然会导致信息在量上的爆炸,即信息爆炸。信息爆炸既是人们对当代社会大量出现并加速增长的各种信息现象的一种形象化描述,也是人们对信息在单位空间内的急剧增加和剧烈反应可能对媒介生态造成巨大破坏的担忧。信息的骤增和膨胀,给人们带来诸多后果,如信息泛滥、信息超载、信息浪费等。社会信息量远远超过个人或系统能力所能接收、处理或有效利用的范围,现代人被无情地淹没在令人头脑混乱的信息洪水中,不得不耗费大量的时间和精力来分辨和选择信息,甚至有时候还找不到自己所需要的信息。由此可见,信息社会中,信息在量上的膨胀并不一定带来信息在质上的提高。从总体上讲,信息社会是"信息爆炸"与"信息匮乏"并存。除此之外,信息社会的到来颠覆性地改变了信息原有的生产、整理、储存、传播方式,使得人们获取信息的方式更加便捷、多样,人们通过互联网等信息技术就可以以很低的成本快速获取所需要的信息,这导致图书馆在满足人们信息需求方面的优势地位被剥夺,图书馆的存在价值受到了公众的质疑,甚至遭受着"消亡论"的威胁和困扰。

另一方面,展现在人们面前的当代社会,其典型图景似乎已经不再是马克思所描绘的大工厂车间中紧张艰辛的劳动现场,而是由超级市场、大型商场等所构成的一幅休闲轻松的购物娱乐场景。可以说,当代社会已经步入了所谓的"消费社会"阶段,即其组织社会生活的方式是以消费为中心。"消费社会"的概念是由鲍德里亚提出的,他从现代社会中人与物的关系入手,从特殊的需求理论,即消费者实际上是对商品所赋予的意义有所需求,而不是对具体的物的功用或使用价值的需求出发来界定这一社会形态。鲍德里亚在《消费社会》中开篇便指出:"今天,在我们的周围,存在着一种由不断增长的物、服务和物质财富所构成的惊人的消费和丰盛现象。它构成人类自然环境中的一种根本变化。恰当地说,富裕的人们不再像过去那样受到人的包围,而是受到物的包围……我们生活在物的时代:我是说,我们根据它们的节奏和不断替代的现实而生活着。"在这样的时代,一个人只要想生存,就必须无时无刻不在同商品发生着关系,与过去相反,是否同人打交道已经不再显得重要。因为在人与人之间,已经悄然出现了一个媒介,那就是商品。人可以回避,但商品却难以回避,人们无法摆脱商品的包围。这正是生活在现代社会中的人的一个无法回避的生存境况。在消费社会中,人们以消费的方式交流并生产意义。因此,人们的消费行为所遵循的是以符号的编码和解码为核心的意义建构逻辑。对消费者而言,同一个物品往往具有经济的和文化的双重属性。一方面,物品作为商品能够满足人们的实际需要,因而它具有使用价值;另一方面,物品还具有显著的文化心理意义。即便同一类物品具有相同的使用价值,但作为承载着不同信息的符号,其所呈现的文化意义是不同的。人们对不同物品的占有和消费,也体现着人们想通过这一行为所呈现出的价值表达。商品不再只是传统意义上具有由"传统"约定的使用价值。商品作为符号构筑起巨大的表意系统,成为意义建构、交往秩序的中介者。可以说,物品的消费参与了个体自我建构的意义生产过程,物品正是个人建构自我及自我生活的物质材料。个体建构意义的过程普遍需要以物品形态作为载体,通过物质性的购买和消费行为来予以实现。在这种思维逻辑下,符号的编码和解码、文化意义的构建,都被深深地打上了消费的烙印。由于消费社会在根本上是一个由"大众"构成的社会,而且其结构逻辑就是不遗余力地把每个人卷进消费者大众的队列之中,因此,在消费社会中,每个人都被视为消费者,或者说,每个人与每个人都互视为消费者。在这种情况下,人们以消费的方式交流,一切都是商品,文化被淹没在商品之海中,丧失了自身原有的"深度"。传统意义上的精英文化的衰落已不可避免。经过时间淘洗的经典作品,在每天大规模喷涌而出的文本的汪洋大海里,在应接不暇的交往秩序之中,失去了召唤起某种"沉思"的能力。概括来说,物质主义及消费主义价值观念对人们生活世界的全面入侵,使得人们的价值认知、精神世界呈现出"以可识见的功利为尺度"的单一化、扁平化状态,当人们的身份认同、精神满足均需要通过物的依赖性来实现时,人们对"无用"的阅读、心灵及教养的提升自然不会有更大的兴趣,书籍、阅读以及图书馆似乎只剩下所谓的文化象征意义,它们在人们的生活中变得可有可无。

在这种情况下,图书馆人开始重新反思社会之所以需要图书馆的深层原因,并积极寻找能够使图书馆摆脱生存发展危机、彰显自身独特存在价值的新出路。然而,在这种反思和寻找过程中,图书馆也走了不少弯路,尤其是在工具理性占绝对上风的时期,人们疯狂追求经济价值的时候,图书馆逐渐丧失了自身的文化自觉,也忽略了自身本应该被重视的诸种文化职能。图书馆(学)界开始寄希望于技术的力量,相信技术就是解决一切问题的灵丹妙药,试图通过引进新技术而寻回自身的影响力,但这种"技术决定论"并不能完整地概括图书馆的全部内涵,它不仅忽视了图书馆自身存在的本真意义,还摒弃了图书馆在其他空间发挥影响力的可能性。因此,仅仅依赖技术的进步也无法从根本上使图书馆摆脱存在价值低落、读者严重流失的困境。

面对这种情况,图书馆人纷纷将注意力落回到图书馆本身所具有的基本职能中,而阅读推广正是在此时重新进入图书馆人视野的,换言之,阅读推广正是被当作图书馆应对生存危机、谋求长远发展的行业方向策略而兴起的。如:吴晞在《任务、使命与方向:图书馆的阅读推广工作》一文中表示,阅读推广在实现图书馆社会效用、提升图书馆利用率等方面能发挥重要作用,继而指出阅读推广是图书馆面临消亡危机、谋求长远发展的必要手段。范并思在《阅读推广的理论自觉》一文中指出阅读推广是与图书馆的使命最为贴切的活动,是图书馆在回应社会变革所带来的挑战时所应采取的主动出击方式。于良芝等在《公共图书馆基本原理》一书中指出全力促进和推动社会阅读,不仅是图书馆的使命,也是图书馆的发展方向策略。王波在《中外图书馆阅读推广活动研究》一书中认为阅读推广是图书馆行业面临危机时用以提高图书馆的社会效益、增强图书馆的显示度和存在感的重要着力点,是图书馆行业发展的需要。可见,阅读推广从兴起之初就承担着摆脱图书馆生存发展危机、重拾图书馆存在价值的使命,换言之,阅读推广是作为解决图书馆生存发展危机、重拾图书馆存在价值的新出路而兴起的。

既然是作为图书馆摆脱生存发展危机的新方式和新出路,阅读推广就需要达成具体的预期效果,如:减少读者流失,提升图书馆流通率、到馆率等绩效指标等。因此,在阅读推广刚兴起时,不少图书馆都把"吸引读者注意、提升读者到馆率"作为工作目标,并为此开动脑筋、大胆创新。于是,一批以高颜值著称的网红图书馆应运而生。这些网红图书馆的确获得了人们的高度关注,并在短时间内迅速提升了到馆率。但仔细研究会发现,从四面八方蜂拥而至的并非是真正为阅读而来的读者,而是把图书馆当作是一次性消费、拍照打卡景点的观光游客。因此,当一波波扎堆儿热潮冷却后,图书馆又变得"门可罗雀"。也就是说,吸引他们的是具有精致外观的建筑物,而不是具有品质内核的图书馆。他们并非为"图书馆"而来。当然,良好的空间环境是一座优质图书馆的必备条件,但它并不是决定图书馆之所以是图书馆并得以存在于世的根本所在。如果只是一味地装点外在,忽视图书馆的内在价值,久而久之,不仅不能使当下的危机得以化解,还可能导致图书馆迷失自我,沦为一座徒有其表的空壳,陷入更大的危机之中。

这不得不引人深思:到底什么才是阅读推广实现预期效果进而化解生存发展危机之道呢?

要想解决这个问题,就需要掌握一套思想方法。这套思想方法就是遵循并运用具有必然性的因果规律——"由果推因,由因得果"。世界上万事万物的发生发展都有其因果,有因必有果,有果必有因。因出现了,对应的果必然会出现。因不出现,对应的果也不可能出现。常言道:"种瓜得瓜,种豆得豆;欲收他日之良果,必种今日之好因。"在两千多年前,孔子就运用过这种思想方法,他在回复子张关于"如何谋生"的问题时曾说:"多闻阙疑,慎言其余,则寡尤;多见阙殆,慎行其余,则寡悔。言寡尤,行寡悔,禄在其中矣。"(《论语·为政》）后来他又直接指出："君子谋道不谋食。耕也,馁在其中矣;学也,禄在其中矣。"（《论语·卫灵公》）意在表明,若想达成"谋食"目的,正确的、核心的原则并不是直接去"谋食",而是通过"谋道"来"谋食"。"谋道"是"谋食"的主因,只要能够在某一领域学道悟道并依道而行、创造价值,物质回报必然会来。此外,就具体领域而言,寻因时若未抓住主因,只会得不偿失,也非长久之策。

因此,在解决问题时,需要警惕以下两种情况:一是,警惕"流于表象,心术不正"。若想改变投射在墙壁上的影子,解决问题的出路不在于墙壁或影像本身,而在于投影源。任何不问根源而只是聚焦于"制造漂亮表象"的努力,都会让人们与目标渐行渐远。二是,警惕"不分主次,舍本逐末"。王阳明曰:"孔子气魄极大,凡帝王事业,无不一一理会,也只从那心上来。譬如大树,有多少枝叶,也只是根本上用得培养功夫,故自然能如此,非是从枝叶上用功做得根本也。"（《传习录·钱德洪录》）可以说,在枝叶上用功,事倍功半;在根本上用功,事半功倍。美观且令人舒适的空间、环境是图书馆吸引读者的重要因素,但它也并非主因。因此,如果只是一味地装点外在,长此以往,不仅不能变"一时过客"为"长期读者",使危机得以化解,反而还会使图书馆迷失自我,沦为一座徒有其表的空壳建筑,陷入更大的危机之中。因此,在寻因的过程中,需要分清主次,抓住根本。

就阅读推广而言,打造良好的阅读环境、提供优质的馆藏资源等,均有利于阅读推广预期效果的实现,但这些仅是次要原因。一方面,决定图书馆能否渡过难关并长远发展的主因在于:是否能够持续地提升图书馆自身所具有的无法被取代的存在价值。也正是在这个意义上,致力于证明和提升图书馆的存在价值才是图书馆进行阅读推广实践的应然方向,也是它的核心价值所在。换言之,只要达到了图书馆阅读推广的应然境界,现实的改进也自然会随之达成。另一方面,正如疾病的成因往往不在病症本身一样,现实问题的成因也往往不在问题所表现出来的现象中。这意味着,要想使问题得到彻底解决,就应该透过问题的表象探寻到问题所产生的深层根源。由此可知,阅读推广虽然是图书馆摆脱生存发展危机的新出路,但无论是流通率等指标的提升,还是读者流失等现象的改善,都不应是图书馆阅读推广的首要追求,而应是图书馆阅读推广在实现图书馆存在价值后所自然呈现的客观结果。这就是说,阅读推广帮助图书馆摆脱现实危机、谋求行业长远发展的关键在于:重拾图书馆在社会中的存在价值。

总而言之,作为化解图书馆生存发展危机之方式的阅读推广,其所要达成的真正目的在于:重拾图书馆的存在价值。那么,图书馆的存在价值是什么?阅读推广与图书馆的存在价值有什么关系呢?

第三节　图书馆的存在价值与阅读推广的关系

一、价值概述

在价值哲学研究领域中,关于价值的定义,主要有三个基本派别:客体主义派、主体主义派和关系主义派。其中,关系主义派是我国价值哲学界的主流观点。它认为,价值既不是用以满足主体需要的客体的性质,也不是忽视客体维度的主体(人)需要的单纯满足,而是一种存在于主客体之间的统一关系,是客体满足主体需要的特定关系。具体而言,价值就是在主客体相互关系中,客体的存在、属性及其运动是否按照主体的尺度满足主体的需要和目的,是否对主体的发展具有肯定性作用的表现。

可见,价值既涉及主体的需要,也涉及客体的属性与特质。即是说,价值的产生需要从两个尺度来理解:一是客体的内在尺度,即由任何"对象的性质"所规定的客体尺度,它是对象本身所固有的本性、规定性和规律的表现;二是主体的内在尺度,即人的内在尺度,它由人的需要和"本质力量的性质"所规定。价值是在这两个尺度的统一中形成的。在这种统一关系中,主体的内在尺度是占主导地位的,客体是按照主体及其内在尺度的作用来趋向主体、接近主体,并为主体的需要和发展服务的。在价值关系中,不是人趋于物,而是物趋于人,即主体的需要是客体是否具有价值以及价值大小的内在尺度,客体的价值随着主体需要和能力的变化而不断变化发展。在这种主客体之间的特定关系中,人是物趋向的中心。

也就是说,一个事物是否具有价值,关键看它能不能满足主体的某种需要。如果某种事物能够满足主体的一定需要,具有对人而言的某种有用性,对于主体的生存发展具有积极的肯定意义,这种事物就是有价值的。这种满足的程度越高、有用性越大,其价值也就越大;反之,价值就越小。

由此可知,客体的属性与特质是客体之所以能够产生某种价值的客观基础,如食品能满足人的健康的需要,音乐能满足人的欣赏的需要,首先是因为它们本身具有某种特定的属性或结构。如果它们不具有某种属性或结构,就不会成为对主体有用的东西,也就不会具有价值。但是,仅有这些基础并不意味着就拥有价值。只有当这些属性与特质能够满足人的生存发展需求时,才有所谓的价值可言。概而言之,事物的价值就是该事物以自身的属性为基础、以人的需求为根据作用于人或服务于人的结果。某一事物可能会因为它所具有的多重属性而表现出不同面向的用途和价值,但是在这些用途和价值中,决定该事物之所以存在且区别于其他事物的是它的根本价值。这种根本价值，是以事物的本质属性为基础的，它是该事物的本质属性按照主体的尺度满足主体的需要、对主体的发展具有肯定性作用的表现。而一事物的存在价值就集中体现在该事物的根本价值上。

二、图书馆的存在价值

由以上论述可知，图书馆的存在价值集中体现在图书馆的根本价值上。图书馆的根本价值是指图书馆以自身的本质属性为基础、按照主体的尺度满足主体的需要，对主体的发展具有肯定性作用的表现。若想揭示图书馆的根本价值，首先需明确图书馆的本质属性。为了适应社会需要，图书馆的存在样态、职责要求、技术方法等始终处于不断的变化和发展之中。在不同的历史阶段，人们对图书馆的理解和定义亦有所差异。尽管图书馆本身如同"开放的文本"一样可供不同的人进行诠释和建构，但是图书馆仍旧有其"万变不离其宗"的根本属性和内在机制。这种本质属性，不仅是所有图书馆都必然具有的共相，而且是图书馆得以与其他事物区别开来的特质。

图书馆是人类社会发展到一定阶段的产物，它出现在文字和文献产生之后，是人类为了满足自身交流知识和信息的需要创造而成的。当记载人类思想和情感信息的文献积累到一定程度后，就需要有专门的机构来从事文献的收集、保管、传递和交流工作，于是图书馆便诞生了。可见，图书馆自诞生之日起便具有"收集、整理、利用文献"的功能和使命。这种功能和使命一直贯穿图书馆的整个发展历程。在古代图书馆形态中，图书馆的基本职能主要体现在对文献的贮存和保管上，但这并不意味着古代图书馆所收集的文献不被利用，而是这种利用被限定在很小的范围内——一般仅在知识阶层和统治阶级中进行。随着工业文明的到来，以公共图书馆为标志的近代图书馆形态开始生成，图书馆得以存在的根据依旧是负责"收集、整理和利用文献"，只不过，相较于古代图书馆，近代图书馆不仅打破了阶级等限制，开始面向社会公众开放，而且还确立了微观与宏观管理体系与服务理念，实现了近代发展历史中最重要的变革。后来，得益于电子计算机等现代技术的快速发展，图书馆进入现代化时期，虽然文献载体更加丰富多元，处理文献的技术手段更加先进高效，但图书馆的内在结构仍未改变，它仍是收集、整理和利用文献的社会机构。

这种发展轨迹也被多位图书馆学专业研究人士所认可。早在1923年，图书馆学家杨昭悊在其著作《图书馆学》中就明确地揭示了图书馆所必备的两个根本特性：一是搜集并保存有益的图书，二是应大众的需要所搜集的图书。与之类似的观点还有：杜定友在《图书馆通论》中指出："所谓图书馆，述其要道盖有二焉：能保全图籍，作一定之科学方法，以处理之，一也；能运用图籍，使之流通，任何人士，皆有享阅之利益，二也。故图书馆之范围无大小，卷帙无多寡，凡具此二端者，皆得谓之图书馆也。"随后他又在《图书馆学概论》中揭示图书馆设立的三大要素，即"（一）要能够积极地保存（书籍）。（二）要有科学的方法，以处理之。（三）要能够活用图书馆，以增进人民的智识和修养。"这"三大要素"与上述图书馆之"两大要道"，都突出了图书馆收藏（搜集与保存）、整理、应用书籍（广义是指文献）这三方面内容。只是"三大要素"的提法特别将"以科学方法处理书籍"单列出来，以强调保存之有序性。因此，从实质内容上看，三大要素的提法与两大要道的提法实则并无二意，只是三大要素的提法更加细致、全面、准确。同样采用三分法的还有刘国钧和李小缘，刘国钧认为："图书馆乃是以搜罗人类一切思想与活动之记载为目的，用最科学最经济的方法保存它们，整理它们，以便利社会上一切人使用的机关。"李小缘认为："盖图书馆者人类思想学术经验文章之结晶，能裨益人群之向上生活者，笔之于纸，引之成书，虽竹简缣帛，断卷残篇，吉光片羽，只字单文，必搜集之于一室，用科学方法组织之，编制之，以使之致用，是之谓图书馆。"除此之外，还有诸多学者从不同角度出发对图书馆进行了定义和诠释，无论这些定义和诠释多么复杂，它们皆可以归结到一种简单的内在结构和机能中去，即图书馆是收藏（搜集与保存）、整理和利用文献的社会机构。

可以看出，无论是哪种发展形态的图书馆，其本质都没有什么区别，它们都是收集、整理和利用文献的文化设施。也就是说，不同发展阶段的图书馆都有一个共同的机制（共相）即收集、整理和利用文献，区别只在于收集、整理、利用文献的目的、范围、方式方法有所不同（异相）。

这里，需要特别说明两个问题。第一，图书馆对文献的收集、整理和利用可以从两个层面来理解：一是以文献的实体为单元，图书馆对文献实体进行的系统收集、加工和传递主要表现为文献采访、文献编目及文献借阅等环节；二是以文献的实质——文献所记载的内容——为单元，图书馆对文献内容进行的系统收集、加工和传递主要表现为书目、索引、文摘及全文数据库、专题数据库等信息组织产品。无论是从以上哪个层面来理解，都可以将图书馆的本质广义地概括为收集、整理和利用文献的社会机构。第二，图书馆对文献的收集、整理和利用这三方面内容具有一定的逻辑关系，即，对文献的收藏和整理是为了利用文献。阮冈纳赞在《图书馆学五定律》中直接指出，在图书馆里，图书馆的收集、保管、服务都是为了使用。无数项技术操作和日常工作——包括向专家讨教，通过购买和接受馈赠的方式收集图书，分类、编目、登记、排架、出借——所有这一切的目的全在于利用图书。图书馆就是为供人们使用图书而建立的社会机构。与阮冈纳赞观点相同的还有刘国钧,他认为:"图书馆收藏了许多图书而不使这些图书在人的行为上发生影响,换句话说,只藏而不用,那就失去图书固有的功效;因为图书原是供人看、供人读的……不经人用的图书无异于一堆废纸。"也就是说,图书馆"藏书之所以可贵者,在人能得书籍之益,故用书尤贵于藏书"。因此,刘国钧进一步指出,图书馆的一切工作都"以实现宣传图书、指导阅读和供应资料,也就是图书利用,为其目的。采购、分类、编目、保管乃至行政工作都是达到这目的的手段","若不能达到目的,手段虽好也没用"。这与谢拉的观点——图书馆的整个运作体系中,如果没有利用,书籍的收集和排列再好也是没有多大意义——实属一致。可见,图书馆的目的就是用种种方法以谋求使用图书之便利,图书馆的一切工作和服务也是为了实现这个目的而存在的。此外,李小缘也指出,图书馆不仅仅是搜集保存文献的机构而已,它"重在普利民众,流通致用,以普遍为原则,以致用为目的,以提高生活为归宿,皆所以启民智、伸民权、利民生者也"。故而,自图书馆工作之始,"继以分类编目,装订等预备手续,然后始流通致用,凡此皆以书籍致用为前提"。

至此可知,图书馆是"收藏、整理文献以供利用"的机构。为了扩大读者利用文献的范围,最大限度地发挥自身价值,图书馆不仅要充分理解"书是为了用的"这一定律的内涵,还要积极达成"书为所有人用"("每个读者有其书""每本书有其读者")的终极目标。因此,图书馆必须坚守"平等服务、维护知识自由、维护信息公平、维护社会包容"等核心理念,以保障人们平等、自由利用文献和使用图书馆的基本权利,确保社会上的一切人都能够利用文献并从中获益。也正是在这个意义上,刘国钧强调"今日之图书馆即使人人得利用所藏之书为目的者也"。李小缘亦指出图书馆的"主要职志,在能使民众——无论男女老幼,皆得享其(指文献)利益,或为参考,或为课外研究,或为欣赏消遣之资"。两者皆明确指出现代意义上的图书馆的存在目的就在于使人人得以用书,得以享受用书带来的益处。

总结上述具有代表性的观点可知,从严格意义上讲,现代意义上的图书馆是"收藏、整理文献以供人人利用"的机构。图书馆所有的工作和服务皆是指向"帮助社会上的一切人利用文献、使文献发挥作用"这一核心目的的,图书馆在不同时期所表现出的社会职能也是从这种内在机能中派生出来的。既然图书馆的存在价值是图书馆以人的需求为根据作用或服务于人的结果,而人对文献是有需求的(这一点是不言自明的),且图书馆作用于人的方式是"收藏、整理文献以供人人利用",那么,图书馆的存在价值就体现在文献对人需求的满足或文献对人所发挥的价值上。《礼记·学记》有言:"虽有嘉肴,弗食,不知其旨也;虽有至道,弗学,不知其善也。"即便图书馆馆藏丰富多样,设施便利齐全,但如果没有读者来利用文献,文献的价值将无从发挥,图书馆也就无任何价值可言,这样的图书馆事业也是失败的。因此,从这个意义上来说,"论图书馆之必要,与论图籍之效力同"(孙毓修语)。为了实现并提升自身的存在价值,图书馆必须在促进人们利用文献方面主动作为,以使文献对人的价值得以最大限度的发挥。

前文已经指出,图书馆的根本价值是图书馆以自身的本质属性为基础、按照主体的尺度满足主体的需要,对主体的发展具有肯定性作用的表现。图书馆的本质属性是"收集、整理文献以供利用的社会机构",也就是说,图书馆基于自身规定性所能够提供的是:人们利用文献的机会和途径。

就总体而言,人类对利用文献是有需求的,但不得不指出的是,随着互联网等信息技术的蓬勃发展,在当今时代,能够帮助人们利用文献的途径和客体似乎不再只有图书馆。大型数据库、搜索引擎及情报部门等非图书馆机构在数据集合和信息传递方面的优秀表现为人们带来了极大的便利,这使得不少读者在不利用图书馆的情况下也能够获取自己所需的文献资源。不过,即使是在这种情境下,图书馆依然是不可替代的。首先,数据库和搜索引擎公司大多是以营利为目的的商业机构,它们或是对其用户提供有偿服务,或是受制于资本逻辑而对收录内容进行并非客观的筛选和排序,这些看似自由的获取途径实则潜藏着种种隐患。反观现代图书馆,它不仅具有大量序化的高质量文献,还一直坚守着"平等服务、维护知识自由、维护信息公平、维护社会包容"等核心理念,以保障人们平等、自由地利用文献和图书馆的基本权利。从这个意义上说,在现存的社会机构中,唯有图书馆可以确保社会上的一切人拥有自由利用文献并从中获益的机会,这是其他商业性信息机构所无法与之抗衡的。其次,文献对人而言具有多重价值,人对文献的利用也具有多样性,而获取信息仅仅是其中的一种。因此,纵使在传递信息这一条"赛道"上出现强劲对手,图书馆在帮助人们利用文献进行文化反思、文化建构等方面依然具有无可比拟的独特优势和鲜明特色。尽管现在看来,文献所蕴含的丰富文化价值仍需要进一步挖掘,但这恰恰为图书馆在社会文化领域发挥影响力提供了巨大的施展空间。可以说,充分发挥文献对人的价值,既是图书馆应该肩负的重要社会使命,更是图书馆大有可为之处。

总而言之,图书馆的根本价值在于帮助人们利用文献,发挥和挖掘文献对人的巨大价值。在今天,图书馆依然具有存在的必要,依然能够通过最大限度地发挥文献对人的价值和作用来提升自己在人们心中的价值感和存在感。

三、阅读推广与图书馆的根本价值

由以上论述可知,图书馆提升自身价值的关键在于充分发挥文献对人的价值,而文献对人的价值并不是显性的,而是潜在的。文献价值的实现——将文献的潜在价值转化为现实价值——必须依赖并受制于人们的阅读行为。也就是说,阅读行为是将人与文献密切联系起来、使文献能够发挥价值的基本途径和必要环节。

一方面,文献的价值只有经由阅读才能够得以发挥。这是因为文字作品并不会自我开启,更不会自我阐述,它被作者写完后便是个"沉默的存在",一直沉默到读者阅读它时为止。如果没有阅读行为,所有的书写都是沉寂的,它无法走进读者的世界,自然也无法产生意义。因此,"比烧书更可怕的罪行是不阅读它们"(小说《华氏451》宣传语)。一部文献的价值必须通过阅读来提取和实现,除此之外,别无他法。也正是在这个意义上,图书馆学家巴特勒指出,保存人类记忆的书籍本身并没有任何意义,只有当这些记忆经由阅读而被移植到活着的个体大脑中时,这些记忆才能被理解和激活,这些书籍也才会因此而具有价值。文字作品只有经由阅读才能够获得鲜活的生命,阅读正是"书写的礼赞"。

另一方面,文献价值的发挥程度,受制于读者的阅读能力。马克思在《1844年经济学哲学手稿》中写道:"对于没有音乐感的耳朵来说,最美的音乐毫无意义,不是对象,因为我的对象只能是我的一种本质力量的确证,就是说,它只能像我的本质力量作为一种主体能力自为地存在着那样才对我而存在,因为任何一个对象对我的意义(它只是对那个与它相适应的感觉来说才有意义)恰好都以我的感觉所及的程度为限。"同理,任何一篇文献对读者的价值和意义,也以读者的阅读能力为限。如果一个人没有相当的阅读能力,那么,再好的文献对他来说也不会有任何的价值。暂且不论文献本身的高下,单单只就读者本身而言,即使是同一篇文献,不同能力的读者也会使之呈现出不同的价值。国学大家刘永济先生曾指出,一部作品"假使作者之性情学术,才能识略,高矣美矣,其辞令华采,已尽工矣,而读者识鉴之精粗,赏会之深浅,其间差异,有同天壤"。如果读者欠缺良好的心智训练与知识储备,无法自觉超越诸如"直觉反应的常识性意见"等心理盲点的影响,那么他就只能停留在不成熟的自我投射阶段,很容易将文献简化成某些特定价值观念的注脚,从而错失文献所蕴藏的复杂的深厚内涵,这就像拿一把量程很小的矩尺去测量高山,所能测出的最大数值并不是高山本身的高度而仅仅是短尺的极限一样。所以有时候,文献的价值没有被发挥出来,并不是因为文献本身没有价值或所蕴含的价值较低,而是因为读者的识鉴浅薄,不具备提取、挖掘、实现文献深度价值的能力。正所谓"书中趣味,真是仁者见仁,智者见智,深者得深,浅者得浅",唯有勤下苦功、训练有素的"精识之士"才能开启优质文献的深意与深味。这样看来,这个世界不仅需要优质文献,同样也需要能够与之匹配的优秀读者。

既然图书馆的根本价值在于文献价值的实现,而文献价值的实现必须依赖于阅读,那么,便可以推出如下结论:图书馆根本价值的实现必依赖于阅读。如果人们不阅读,图书馆的文献无异于一堆废纸,而图书馆也就失去了存在的意义。毫无疑问,图书馆根本价值的最终实现,以及图书馆对于个人乃至一个社会、民族、国家的重要作用,也都是由个人(作为读者)通过阅读来完成的。即便是由这一根本价值衍生出的图书馆社会职能、服务宗旨,如传递信息、支持教育、支持个人发展等,也都需要通过阅读这一途径来实现。因此可以说,图书馆因阅读而存在,图书馆的存在价值就在阅读之中。图书馆促进阅读的发展,阅读反过来又实现图书馆的价值,两者形影相随,相得益彰,不可分离。由此可见,图书馆存在的最高目的和意义乃是使人"读书""用书",用刘国钧的话说就是"使社会上无不读书的人,馆内无不被读的书"。

为了实现这一理想,实现并提升图书馆的存在价值,图书馆员断然不能安坐着、静默着等待读者的到来,必须化被动为主动,在促进阅读方面积极作为,除了合理优化图书馆环境和空间外,还须举办演讲会、读书会、研究会、展览会等一系列围绕着文献和阅读而展开的活动,深挖文献内容的现时价值,进一步激发人们的阅读兴趣和阅读意愿,并根据人们的实际需求与具体情况切实地对其进行阅读辅助和阅读指导,以提升人们的阅读水平和阅读效果,最终使人们学会阅读、热爱阅读,养成良好的阅读习惯,并因阅读而对图书馆产生无限情感。这些鼓励和促进人们阅读的实践正是阅读推广。它所要达到的理想目标是人人皆能有条件、有能力、有意愿进行阅读,人人皆能利用文献并从文献中获益。由此可知,通过阅读推广充分实现馆员与读者之间的良性交流与互动,使沉睡中的文献得到广泛开发和有效利用,是图书馆根本价值得以实现的重要途径。在这个意义上,阅读推广正是图书馆根本价值的实现机制。

第四节 图书馆阅读推广的核心价值

为什么要让更多的人阅读更多的文献?文献对作为个体的人具有哪些作用和价值?要探讨文献对个体的价值,就需要明确文献所记载的内容——文献是记录知识的一切载体。从某种意义上说,文献的价值就是其所记录的知识的价值。那么,知识的价值体现在哪里?

由笛卡尔、康德、黑格尔所代表的近现代知识观哲学家,确立了近现代的知识标准,他们认为知识必须具有这样一些属性:客观性、普遍性、必然性、确定性,这为知识赋予了一种"绝对论"的色彩。作为这种知识观的延伸,理性主义在科学领域确立起这样的观念:在自然界和人类社会中,存在着普遍的、永恒不变的客观规律和客观价值。这种观念所造成的结果之一就是"崇尚一元而排斥多元"的元叙事。显然,这种思维方式已经不符合今天社会发展的现实,因此,后现代主义者对这种"绝对知识"纷纷采取否定的态度。

图书馆是国家重要的公益性文化单位,它在进行文化服务的过程中秉承着诸多具有公益价值的理念,如平等服务理念、知识自由理念、信息公平理念、社会包容理念等。作为阅读推广主体的图书馆,在阅读推广过程中所必须持有的核心价值也应该与图书馆本有的价值理念相符合,两者不仅不能相悖,而且更应该互有体现。以推广文献为核心目标的图书馆阅读推广,应该帮助个体解决阅读困难、跨越阅读障碍,为个体提供更好的阅读条件,使阅读弱势群体能够享有同其他群体一样的自由阅读权利,即保障每个个体都能享有自由阅读权。然而,需要说明的是,保障个体享有自由阅读权,是保障个体思想自由的必要条件,但并不是充分条件——现实生活中仍有很多被给予了诸种权利却不行使的情况,这表现在阅读推广中则是人们可以按照自己的意愿自由地选择和阅读文献,但仍有一大部分人不进行阅读。因此,图书馆在保障个体享有自由阅读权的同时,更应该采取有效的阅读推广策略鼓励个体积极行使自由阅读权。由于知识具有形塑个体的价值和作用,个体主动阅读文献、获取知识的过程实际上就是自学的过程,就是以文献所承载的价值来进行自我教化和形塑的过程,换言之,自由阅读权的行使就是个体对自身进行自由建构、自由形塑的权利的行使。这即是说,图书馆开展阅读推广服务就是要保障个体具有自由阅读权,并积极促使个体行使这种自由阅读权,以便个体能够在充分获取诸种价值选择的基础上,以最恰当的价值形塑自身。

在这里,需要说明一个问题:图书馆阅读推广的目标是"要以最小的代价向尽可能多的读者提供尽可能多的图书",它"不仅在于保证图书馆的大门永远敞开,还要让这扇大门具有吸引力"。为了使图书馆及阅读更具吸引力,就需要图书馆在阅读推广过程中有选择性地表达自己的文化主张,如向读者重点推荐某些文献,或通过各式各样的阅读推广活动激发读者的阅读兴趣与阅读需求,促进他们更多、更好地阅读。然而,以《图书馆权利宣言》为代表的自由阅读理念主张图书馆在提供阅读服务时应始终保持价值中立原则,不干涉个体的阅读选择。那么,图书馆阅读推广是否违背了图书馆自由阅读理念和价值中立原则呢?答案是不违背。原因可从以下三方面进行说明:首先,自由阅读理念和价值中立原则的要义是指在图书馆提供服务的过程中不应将馆员的政治意见和价值倾向"强加"给读者,其宗旨和目的是保障读者的自由选择权不受侵犯,但这并不代表馆员不能根据实际情况为读者提供恰当的阅读建议或进行阅读推广。为了提高读者的阅读效率、扩展读者的阅读选择,馆员可以在一定限度内进行建议和表达,而读者也享有自己判断和选择的权利。即便是被拒绝,馆员也应该始终尊重并维护读者的决定。因此,在不侵犯读者自由阅读权利的前提下,馆员是可以对文献进行合理揭示和推广的。其次,自由阅读理念和价值中立原则的提出是为了防止作为公共物品的图书馆在权力的强势介入下成为权力的附庸和工具,而使读者陷入"一元论"的陷阱。图书馆是保证读者个人需要和自由权利的机构。作为体现图书馆核心价值的阅读推广自然沿袭了图书馆所坚持的人文理念,以扩大读者的选择为职责,以"多元提供"替代"单一引导",从这方面来看,阅读推广同自由阅读理念和价值中立原则所维护的根本目的是一致的。最后,自由阅读理念和价值中立原则体现了图书馆社会包容理念,但是社会包容这一价值判断是有限度的,即不存在无限制的、无条件的、绝对的中立和自由。如果坚持绝对的中立和自由,图书馆阅读推广将放弃它的社会责任,而自由阅读及价值中立的相对性也为图书馆开展阅读推广服务提供了必要的发展空间。这么说来,图书馆阅读推广不仅不违背图书馆的自由阅读理念和价值中立原则,而且它的有效实现必须以自由阅读理念和价值中立原则作为理念基础。

总而言之,在当下的视域中,图书馆阅读推广的核心价值便是鼓励个体产生主动阅读的意识和行为,并保障个体享有并行使自由阅读文献、自由建构精神世界、自由形塑自身的权利(即自由阅读权、自由建构权、自由形塑权),进而培养个体的独立精神和自由思想,使个体能够成为真正意义上的完全的人。

第五节　实现图书馆阅读推广核心价值的重要意义

一、有助于实现读者的身心自由

后现代主义者认为现代学校教育是一种有意识的社会制度建构和安排,它依托一定的组织形式,以特定的知识内容影响人的身心发展。支撑现代学校教育的思想支柱主要是理性主义知识观,它认为在人类社会和自然界中,存在着普遍的、绝对的价值和规律,存在着恒定不变的人的本质,因而主张用统一的手段达到统一的目标。这种关于客观规律的观念,一方面促进并引导人们关注对自然和社会发展规律的探讨,促进自然科学与人文社会科学的发展,另一方面也膨胀了一种"理性万能"的观念,造成了理性的盲目乐观与僭越。因此,持这种观念的人极易忽视个体自由发展的可能,并试图对未来社会的秩序和模式进行人为的设计。这样一种"社会设计理论"遭到了政治哲学家哈耶克的猛烈抨击,他认为,在未经设计的情况下生成的秩序,能够大大超越人们自觉追求的计划。那些由自由人的自发联合所创造的事物,往往比他们个人的头脑所全部理解的东西更伟大。之所以如此,根本原因在于人类理性的有限性,哈耶克的自由主义哲学正是对"理性万能"思潮的批判和否定。而现代学校教育就是基于理性主义知识观而预先设计好的教育模式,它将经过严格筛选的特定知识强加给个体,以塑造"同质化"的个体为教育目标。这种教育模式对人的培养犹如企业对产品的标准化生产——它剥夺了人性自由发展的权利,抹杀了生活的丰富性和人性的多样性。

阅读推广正是与现代学校教育所推崇的"以统一价值观对个体进行规训和塑造"的理念相制衡的存在。它的核心价值是鼓励个体进行自由阅读,并支持个体对阅读到的多元知识进行自主判断和自由选择,进而使个体在阅读和内化知识的过程中实现对自身的自由形塑和造就。阅读推广所倡导的这种自由阅读当然不仅仅局限于学校教育的知识范围,它的有效引导,会促使个体看到更多学校教育之外的知识和价值,而这些知识可以为个体的个性发展提供合理化解读,个体也由此获得了肯定自我、建构自身价值观念和独立话语权的自信和力量。因此可以说,阅读推广不仅避免了个体被塑造成千篇一律的模样,而且还保障了个体自由选择知识、形塑自身的权利,并在一定程度上起到了启发个体自主建构自身知识话语权的作用。

美国哲学家、教育学家杜威认为:"一切教育的最终目的是形成人格。"总之,阅读推广核心价值的实现,有助于使个体实现身心自由、获得自由发展。

二、有助于实现图书馆的核心价值

图书馆的核心价值,就是图书馆这一事物所应具有或所能具有的最重要的社会价值。这种社会价值之所以是"最重要的",是因为它承载着图书馆这一事物所应承担或所能承担的最重要的社会责任与使命。简言之,图书馆的价值,就在于它所承担的社会责任与使命。图书馆核心价值反映的是图书馆工作的发展规律,它需要根据社会及图书馆的实际发展情况不断进行调整。

国内外对图书馆的核心价值有诸多陈述,就其内容而言,近年来主要集中在:知识(信息)自由、文化权利、读者服务、社会责任、保存与共享、促进阅读、包容与民主、馆员职业价值等方面。有研究者在国内外专家研究成果的基础上,将图书馆的核心价值体系的内涵界定为:保存文化遗产和社会记忆的价值、促进知识交流的价值、促进社会教育的价值和促进社会民主政治的价值等四者的有机结合。其中促进社会教育的价值是建立在读者有效利用文献的基础之上的,这就需要图书馆进行阅读推广来实现。以上已论述,阅读推广的核心价值是鼓励个体产生主动阅读的意识和行为,并保障个体自由阅读文献、自由建构精神世界、自由形塑自身的权利(即自由阅读权、自由建构权、自由形塑权),进而培养个体的独立精神和自由思想。显然,阅读推广的有效实施,有利于激发读者的阅读和自学的主动性与积极性,但是读者能够顺利地进行阅读和自学,还需要一定的客观条件,而图书馆正是为了维护公民的知识自由而被设立的社会公共设施。图书馆本身享有诸种自由与平等权利,在收集、整理、存储、传递方面所具备的自由权利和专业优势,能够为个体进行自由阅读提供相应的文献保障和空间保障。由此可知,阅读推广核心价值的实现,在客观上能够吸引更多读者利用图书馆资源进行自学,它有助于提升图书馆的利用率,完成图书馆社会教育的职责和使命,进而实现图书馆的核心价值。

三、有助于建构"以人为本"的和谐社会

随着消费社会及消费主义价值观的兴起,人的追求逐渐被物质生活的片面满足所占据,原本应是用以满足人们需要的手段逐渐演变成主宰人的存在价值的目的。这种手段与目的的倒错,造成了人类社会工具理性与价值理性的失衡。在日常生活中,工具理性的过分膨胀和价值理性的日渐式微,势必导致人的异化和价值的迷失,即人在被消费奴役的过程中丧失了自身的主体性,成本单向度地、片面地存在。人的个性的丰富性和多样性也因此被压制,人们失去了全面发展的自由。

这种人性异化的深层原因,正在于人们对精神世界尤其是人文价值的淡漠与忽视。在人文价值的视野中,人是终极目的,人是各种努力的终极关怀。一切努力都是为了满足人的合理性需要,都是为了维护、发展、实现人的利益,都是为了维护人的尊严、提升人的价值、保护人的自由,促进人更好地生存和更全面地发展。因此可以说,以人文价值重新建构个体的精神世界,能够帮助人们重新寻回自身生存和发展的价值和意义,避免掉入被外物奴役的危险境地中,进而改变消费社会"以物为本"的单一价值取向。而这种精神世界的重建,需要借助阅读的力量来实现。阅读能够为人们重新获取批判意识和建构能力提供多元的价值支撑。人们通过自主阅读,不仅可以防止自身陷入价值虚无、精神消解的境地,还可以习得更多审视生活现状和诠释人生价值的视角,为主动建构具有人文价值的精神世界提供智力支持。而以促进阅读为主要任务的阅读推广实际上是出于对人的生存境遇的关注,它意图将价值理性、

人文精神重新带回日常生活,以唤醒人们对终极价值及终极意义的思考和追问。从这个角度看,阅读推广核心价值的实现势必会促进人们对自身存在价值的自觉与渴求。抑或说,阅读推广是真正意义上的"以人为目的"、充满人文关怀的实践。

随着阅读推广的影响越来越深远,人们对自由的渴求逐渐获得满足,对个体的存在价值也倍加重视,而个体的改变又会影响和塑造社会,因此,在这种人文气息的熏陶下,社会自然而然会变成一个"以人为本""以文化天下"的和谐社会。

第二章 阅读的历史

第一节 阅读的起源

阅读是人类社会的一项基本活动。关于阅读的起源,存在着以下两种主要观点:

第一种观点认为阅读先于文字而产生。持这种观点的学者认为:阅读是人类最主要的认知过程,同时也是人类最重要的获取信息和知识的手段。因此,自从人类诞生之际,阅读便相伴而生。例如,人类通过观察天象和地形来决定做事时机和行事方式,以谋求更好的生存,也就是说,通过阅读,人类开始认识万物、领悟世界,在这里,阅读是一种以获取意义为中心的认识行为,阅读的对象是周围世界中的自然万物。

除此之外,在文字出现之前,人类还通过阅读实物和图画来满足跨时跨地进行信息交流的需求。例如:原始先民曾利用实物来传递信息,结绳记事就是其中最典型的代表。《易·系辞下》记载:"上古结绳而治,后世圣人易之以书契。"《周易集解》引用《九家易》的解释:"古者无文字,其有约誓之事,事大大其绳,事小小其绳,结之多少,随物众寡,各执以相考,亦足以相治也。"又如《庄子》中:"昔者……民结绳而用之。""结绳"是用不同样式和不同数量的绳结来标记不同的事件。同样,人们通过阅读绳结来会意和沟通。除了结绳之外,人们还借助树枝、树叶、贝壳、羽毛、花草、烽火、鸡毛等来传情达意、通风报信。当然,这种会意和沟通必须建立在对于交流思想的工具的理解的同一性上,也就是说,交流思想的工具只有具备了社会公认的、约定俗成的意义和形体的时候,才能够达到认识的共同性和理解的一致性,因此而成为社会通用的信息载体和交流工具。可见,此时的阅读对象主要是实物和图画。无论是自然化生的天地万物,还是人为制造的结绳、壁画,对它们的"阅读"皆早于文字出现之时。而这种先于文字的阅读是指广义的阅读,即从视觉材料中获取信息的过程。这里的视觉材料主要是指文字、符号、图像等,但也可以是更广泛的指向,如一个国家、一座建筑、一处风景、一种现象、一个仪式、一段视频、一节音频等。此种观点——认为阅读先于文字而产生——便是从这种广义的阅读概念而言说的,但是这种言说一方面很容易落入泛阅读和反文化的窠臼,另一方面也与人们日常对"阅读"一词的使用和理解脱离,因此,在日常使用和学术研究的意义上,一般采用的是狭义的阅读概念,即主要以文献资料为对象的阅读。

然而,实物难以表达复杂的事物和抽象的观念,于是,人类又学会用图画和记号来传递信息。旧石器时代,画一头野牛和一个手执弓箭的人,表示狩猎和射箭的行动,其表达力超过实物。图画本是一件事物的具体形象,渐渐变成不是具体事物形象的精确描绘,而简化为一定形式的图形符号,作为某种概念或意象的载体。人类的文字就是从图画演变而来的。中华民族最古老的文字是象形文字,甲骨中文象形字最多,有的繁复得很像图画。经过甲骨文、金文、大篆、小篆、隶书、草书、楷书、行书和宋体的演化过程,文字逐渐定了型,成为读物的基本符号。从实物到图画,再到文字,这些信息媒介的转换使用,说明符号表达事物和情意的功能在逐步提高。语言符号的主要功能在于把抽象化的东西具体化,它将无形的变为有形的,将不可知的变为可知的,将埋藏于心里的变为可见的,它能表达最抽象的思想、最复杂的感情和最丰富的内容,因而是最重要、最基本的传播工具,是高级的信息载体,是直接的阅读对象。

第二种观点正是从阅读概念的狭义范畴出发,认为阅读是指对连续文字符号的理解,它产生自文字和书写的出现。文字是继人类语言之后产生的,作为人类思想与情感的记录和保存工具,具有语言所不具备的功能优势:它可以将思想和情感信息记录并保存在一定的体外载体之上,换言之,它能够使个人独特的"脑内记忆"扩展为可以被社会所共享的"脑外记忆"。文字不仅在横向平面上极大地拓展了信息的存储传播空间,而且在立体纵向上实现了信息的"历时性"传承和积累,它使得文化信息传递超越了空间和时间的范围限制,真正实现了由个体智慧向人类智慧的超越,使不同地域、不同时代的人,得以相互取长补短、优势互补,共生共进、协同进化。因此,在这个意义上,文字及随之产生的阅读的出现,开启了人类文化进化的一个崭新的时代。

自从有了文字和阅读,人们的经验和知识便不再随着自然生命的消亡而结束,而是借由文字符号传递下去,每一段可以被阅读的文字都是人类认识过程"长河"中的一个"节点",它是前人认识结果的"集成",也是后来人继续深化认识的基础和"起点"。通过阅读,后人可以站在"前人的肩膀上"看世界,文明的火种不仅得以传承和延续,而且还获得了不断向前发展的路径。很难想象,一个缺失了阅读的世界将会是多么的愚昧和落后。

既然阅读是指对连续文字符号的理解,而文字符号需要承载于适当的物质载体上,那么,在文字产生的同时,人类也在不断地找寻、选择理想的物质载体。进入人们视野的首先是兽骨、龟甲、羊皮、树皮、竹简等,继而是泥板、陶器、青铜器、布帛等。直至中国人发明了造纸术,人类才真正寻找到并创造出了记载文字化文化信息的理想载体。真正的文献因此得以诞生。可见,文献不是有人类之初就有的,也从来没有停止在一个水平上,它是有一个不断更新的发展过程的。在这个过程中,既有载体材料的变化,也有生产技术上的改进。正是借助于文献的诞生,阅读成为人们对文献的认知、理解、鉴赏和运用的过程。

作为真正科学意义上的阅读对象,文献是一种"可供传播的客观的精神客体",它具有以下四种必须兼备的基本属性:

第一,文献具有价值内涵性。文献与物质产品不同,它是一种灌注着精神生产者的主体性的精神产品。它是作者的智慧结晶,是作者从特定的视角出发,对外在世界和内在世界进行观照和思考的认知结果。这些认知结果既可以是对客观存在进行如实反映的客观事实性信息,又可以是作者的理性认识所产生的观点和哲理等主观认知性知识,也可以是作者真诚的生命情感和生命感悟,更可以是各种可以直接用于指导实践的经验性方法。总体而言,文献具有认识论和方法论的"双重价值":其一,它们是知识性的,为人们继续深化对客观世界和主观世界的认识,提供了客观知识的基础和借鉴;其二,它们是智能性的,为人们认识改造客观世界和主观世界,提供了成功的思维方式和行为方法参考。前者,主要体现在知识内涵的信息资料和知识单元之中;后者,则主要是蕴含于知识内涵的逻辑架构、分析综合等论述方式之中。前者,给予人们的是结论性、确定性的认知结果,阅读这类文献类似于获得"授之以鱼"中的"鱼",人们得到的是前人已有的认知结果;后者,赐予人们的则是更具有生命活力的思维方式和行为方法,阅读这类文献获得的是"授之以渔"中的"渔",这是一种能够创造、生产知识并灵活运用知识的能力和智慧。如果只有前者而没有后者,人们很容易被文献、被阅读所"愚弄"和"蒙蔽",将文献中的知识当作圭臬一般遵守,这时,文献将变成一种束缚,人们也陷入"教条主义"之中。因此,在面对文献时,既要注重学习前人的认知成果,又要特别留意掌握前人的思维方式和认知过程。

第二,文献具有语言符号性。既然文献是一种可供传播的"客观的精神客体",那么就意味着,它需要依赖于一种能够将其主观精神、主观认知得以外化和传播的形式,而这种形式便是语言符号。符号和信号不同,它不仅表示某物、某事、某条件存在与否,还能在信息接收者的头脑里引出关于某物、某事、某条件的概念,它是一种用来代替某种观念或含义的标记。借由语言符号,隐性的"主观知识"得以转化为显性的"客观知识",人们的思想观念、内心感受得以超越感知器官和时间空间的限制而被不同地域、不同时代的其他人感知和接受,这不仅使得人们的智力资源实现共享,也促进了整个人类的文化进化,同时,文献也因此获得了存在的必要条件。可以说,文献就是一种以语言符号形式而存在的精神外化物。除此之外,也应该看到,这种符号化也存在着某种局限性:其一,符号表述的标准化,势必会限制主观思想的个性多样化及其自由驰骋空间,难免存在言过其实、词不达意或"茶壶里煮饺子"等遗憾。其二,要进行这种间接的、符号化的思想情感交流,就必须掌握标准化的语言文字技能;仅仅是驾驭信息符号能力的差异,就足可以造成交流过程中的信息流失或思想失真。所以,读书学习不仅要"读"与"记",更要"思"与"品",最大限度地穿透信息符号的障碍,充分实现与著作者之间的心灵碰撞和思想交流,用"心"感悟、体味著作者的"心意"和学理的"真义",既要避免"思而不学则殆",又要避免"学而不思则罔"。

第三,文献具有物质载体性。使文献得以产生的文字符号并不能独立存在,它需要依赖于一定的物质载体才能够发挥作用。也就是说,文献的存在必须包含两个因素:文字符号和承载文字符号的物质载体。文献的物质载体使得人类的思想和情感得以存贮和传递。如果不把记录思想和情感的符号固化在物质载体内,就没有知识的积累,更谈不上历史的延续和文化的继承,也就没有人类文明史。纵观人类文明的发展史,文献的物质载体在不断改善其材料,不断丰富其形态。例如,在中国,文献的物质载体有龟甲、兽骨、青铜器、石头、竹简、木片、缣帛、纸张等等;在西方,文献的物质载体有泥板、纸草纸、兽皮、树叶等等。随着社会生产的发展和科学技术的进步,在进入数字化时代后,胶片、磁带、光盘、现代数字化网络技术,也成为重要的文献的物质载体。这些新型文献载体的出现,给人们的阅读和学习生活带来了巨大的冲击,甚至有不少学者将现今诸多的阅读危机归咎于以计算机技术为中心的现代信息载体和现代信息技术,但实际上,文献载体形态的改变,并不会从根本上改变文本的客观知识内涵及其结构形态,也无法改变知识的转移、内化与活化过程,更不可能改变阅读或学习的行为规律。因此,文献物质载体的变化并不是今日阅读危机的根源。除此之外,还应该注意的是,正因为有了这些物质载体,文献中的内涵才能够被永久保存和广泛传播。但是,需要强调的是,这种主观思想和情感的"外在实体化"也为人类进行教育和学习活动制造了些许麻烦:自从主观思想和情感外化为实体的文献后,人们便逐渐抛弃了面对面的、即时性的"口述传统",转而投向书本中。书本就如同横亘在人与人之间的一道物质屏障,这道物质屏障一方面简化了、抹去了无法被外化和物化的言传身教过程中的"身教"那部分力量,另一方面还会使人们误以为占有书本中的信息和知识便完成了学习和提升的全部过程,进而忽视和遗忘了对这些信息和知识进行智慧与心灵层面的感悟和体验。也正是在这个意义上,西班牙自由主哲学家何塞·奥尔特加·加塞特认为人们有必要在享受书面的文字所带来的明显的好处的同时,意识到它所导致的浪费和危险,他指出:"书面语言的相对非人个性和非个性化使文明的言说变得如同幽灵一般的同时,又增添了言说的距离感和匿名性,而这种'客观性'对于理论上的交流来说是必不可少的。"

第四,文献具有主体占有性。根据建构主义理论,作为主客体统一物的阅读对象——文献,既具有客观性,又具有主观性。文献的主观性按其运动过程表现为两个层面:一是写作阶段作者主体意识向作品的注入;二是阅读阶段读者主体意识对作品的渗透。用动态的眼光来观察,文献先是作者的精神生产品,后是读者的精神消费品,灌注了双重主体意识。作者的精神生产品不只是为了自我欣赏,自我享用,而是作为一种社会产品,必然要传播到社会上去,供读者消费。一篇文章或一本书只有通过阅读,才能最后完成写作行为,使精神生产品成为现实的精神消费品,使其潜在的价值转化为现实的价值。在这里,读者主观条件如何显得特别重要。如果读者没有相当的阅读能力,那么,再好的文献对他来说也不会有任何的价值。马克思曾在《1844年经济学哲学手稿》中写道:人"通过自己同对象的关系而占有对象……一个对象,只有当它为我们拥有的时候……在它被我们使用的时候,才是我们的"。"对于没有音乐感的耳朵来说,最美的音乐毫无意义,不是对象,因为我的对象只能是我的一种本质力量的确证,就是说,它只能像我的本质力量作为一种主体能力自为地存在着那样才对我而存在,因为任何一个对象对我的意义(它只是对那个与它相适应的感觉来说才有意义)恰好都以我的感觉所及的程度为限。"由此可见,阅读,作为一种有目的的行为,旨在"通过自己同对象的关系而占有对象"。所谓"自己同对象的关系",即读者和文献的阅读关系;所谓"占有对象",即通过阅读行为而把握文献。文献价值的实现必然要依赖于读者的"占有",离开了读者,文献的价值无法发挥和呈现。

第二节 中国阅读史概况

一、中国文字与文献的起源

阅读的起源和文字的起源密不可分,中国古代阅读实践以文字的出现为源头。中国的文字是经过了原始社会的刻画符号和图画阶段之后,又经历了长时间的演变才逐渐形成的。在中国古代有很多关于文字起源的传说,其中最具影响力的是仓颉造字说,这一说法被记载在《韩非子》《淮南子》《说文解字》等文献上。但是这种说法是不准确的。因为文字是古代先民在长期实践中逐步约定俗成的，它的形成是一个非常漫长的历史过程，绝不是一个人一时的创造。由于学者对出土资料的理解、研究方法与研究重点的不同，以及对材料的取舍上存在着差异，所以对中国文字的起源的考订还无法形成统一的结论。但可以确定的是：有了文字，就具备了创造文献、进行阅读的基本条件。

二、先秦时期的阅读状况

文字发明以后，能否使文字成为著述的工具，这取决于文字使用者。汉字发明以后，使用文字是史官的职掌，最早拥有文字使用权和文字档案保管权的就是史官。这些史官负责保存、管理和利用文献，他们一方面为王权的运作提供历史借鉴，另一方面又为王权的合法性保存直接的文本性依据，同时还依此来教育贵族子弟，以保证王权血脉的传承。当时的文字和学术均被王室贵族所垄断，一切文字记载都具有法典性质，典章制度和礼法度数都是官司所守。一般平民无权接触，更别提进行阅读了。因此，便有了"上古学术文化统于王官"的说法。

到了公元前11世纪，周武王姬发灭掉商朝，创建西周。公元前771年西周灭亡，次年平王东迁洛阳，史称东周。东周分春秋（前771年—前476年）和战国（前475年—前221年）两个时期。春秋后期，王室衰落，礼坏乐崩，各诸侯国之间的兼并战争频繁发生，混乱不已。在这剧烈的政治变革当中，贵族大夫流散各地，他们所拥有的文化知识和文献典籍也随之流入民间，这就使古代统于王官的学术文化迅速向外传播，"学在官府"的局面被打破，知识和典籍不再被少数人所保存和垄断，学术文化开始下移，私人讲学之风兴起。孔子就是在这个历史条件下创办私学的。孔子办学，主张"有教无类"（《论语·卫灵公》），打破了贵族内部的等级界限，使教育及于平民。孔门弟子的广泛性是当时私学普及的典型象征，也是文献流通范围扩大的例证。

与此同时，随着奴隶制走向瓦解以及封建制的确立，作为唯一文化人的史官身份发生了变迁，逐渐分化出两种不同的类型：一是"士"，一是"吏"。"士"即为士大夫，指的是具有深厚文化素养的、精通"道艺"且能参与政治决策的饱学之士。"吏"即为官人百吏，是具体落实政治决策的行政人员和办事人员。西周时期，"士"属于贵族统治阶级的下层，战国以降，随着王权的旁落，"士"的贵族血统及其"有爵者"的地位受到了冲击，庶人亦可由"学"而成为"士"。后来，"士"这一称呼逐渐与贵族血统或爵位无涉，演变为具有一德、一才、一学之人的专称。

与"士"从"史"中的分化相同步的，是图书从档案中的分化。正像"士"来源于"史"一样，图书来源于档案。图书是在档案的基础上分化出来的一个新的文献品种,它是春秋战国时期由"学在官府"到"官学下移"的产物。最能说明图书由档案分化而来的是儒家六经。六经是"史"所执掌的官府典章法度,体现为就事论事的现实价值;事胜于理,六经不是载道之书,即不包含超文本的微言大义;作为行政职守的行政文书,六经不宜有太多的个人任意生发意义的空间。与此形成对照,六经经过孔子的整理而成为图书,不再具有反映历史真相的客观性,而是由记事而"著理",为个人表达主观意见提供了较大的空间。可以说,作为图书的六经正是在档案的基础上演变而成的,演变的关键在于编纂,其具体内容主要包括:甄别筛选、删存去取、合理编排、完善体制、修改订正等。经过这些编纂后,原来具有高度客观性和权威性的档案,由于加入了个体的主观意识而变成了带有超越旨趣的图书。随着图书从档案中的分化,"吏"与"士"的职能和责任再次更新:"吏"继承了史之"掌官书以赞治"的职能,而"士"则以其重视"志行"和人文教养而承担起职掌图书的职责。

"士"阶层的壮大和私人讲学的兴起,开启了中国历史上第一个思想激荡、学术繁荣的时代:诸子蜂起,百家争鸣。在各诸侯国互相兼并、政治动荡的背景下,社会上各阶层的代表人物,对政治、经济、社会制度等各方面的问题提出了各自不同的主张,并积极参与争辩,以便说服诸侯、争取群众,进而改革当时的社会。因此,学术文化空前活跃,社会在思想文化方面迎来了一次大的解放。这些士人为了传播自己的思想,纷纷培养门徒,著书立说,于是形成各家各派,各种哲学理论和思想学说层出不穷。在哲学方面,战国初期的三大学派有孔子的儒家、墨子的墨家、老子的道家。战国中期以后诸家代表人物,有儒家的孟子、荀子,道家的尹文子、庄子,法家的商鞅、韩非,名家的公孙龙、惠施,阴阳家的邹衍,兵家的孙武及孙膑。在天文、历法、史学、地理、农业,以及文学等方面,也都出现不少重要著作。当然,这里不得不提的是百家争鸣最具代表性的学术交流场所——稷下学宫。稷下学宫是齐桓公为了招揽人才而在齐国国都稷门外建成的,各方学者,无论派别,纷纷来到稷下,从事讲学著述。稷下学宫历齐桓公以下五代君王,存在 150 年之久,成为当时各派学者荟萃的中心,在其兴盛时期,汇集了天下贤士多达千人左右。儒、道、法、名、兵、农、阴阳等学派都会集于此。许多学者在稷下"各著书言治乱之事,以干世主"(《史记·孟子荀卿列传》)。这是先秦第一个集中学者从事著书的学术基地,也是先秦第一个图书生产和图书流通的文化中心。

私人著述的大量产生,使得私人藏书开始出现,并成为风尚。这一时期,较为著名的藏书家有孔子、墨子、惠施、苏秦等人。孔子是先秦时期最大的藏书家,《尚书正义》引《尚书纬》语:"孔子求《书》,得黄帝玄孙帝魁之书,迄于秦穆公,凡三千二百四十篇。"《庄子·天道》曾提到:"孔子西藏书于周室。"据

《史记·孔子世家》:孔子自卫返鲁,然后乐正,雅颂各得其所。古者诗三千余篇,及至孔子,去其重,取可施于礼义,上采契、后稷,中述殷周之盛,至幽厉之缺,凡三百五篇。上述文献记载都可以说明孔子是有私人藏书的。到了战国时期,私人藏书有了进一步发展。《墨子·贵义》曰:"子墨子南游使卫,关中(即扃中)载书甚多。"明确指出墨子拥有个人藏书。《庄子·天下》曰:"惠施多方,其书五车。"说明惠施有大量的私人藏书。《战国策·秦策》载苏秦:"陈箧数十,得太公阴符之谋。"说明苏秦的私人藏书达"数十箧"之巨,这其中就包括后来为他赢得声名的"太公阴符之谋"。《韩非子·喻老》曰:"王寿负书而行,见徐冯于周。徐冯曰:'事者,为也,为生于时,知者无常事;书者,言也,言生于知,知者不藏书。今子何独负之而行?'于是,王寿因焚书而舞之。"说明王寿也是有私人藏书的。

春秋战国时期的百家争鸣,催生了大量从事著书立说的"诸子",因此,著书立说的诸子基本都可以视为当时的私人藏书家。而诸子聚徒讲学又导致了"学在四夷",书籍随之飞入寻常百姓家。此外,在这次文化运动中,产生了六艺、诸子、史学、兵家、医学、天文、地理等大批中华传统典籍,这些藏书门类基本奠定了后世私人藏书的基本格局。虽然经历了秦始皇"焚书坑儒"和西楚霸王项羽"烧秦宫室,火三月不灭"的文化浩劫,但正是因为私人藏书强大坚韧的生命力,很多中华经典才幸免于难,汉代借此恢复了百家之学。

与私人著述和私人藏书一同兴起的,还有阅读理论。在这一时期,以孔子为代表的儒家学派为了实现"修身、齐家、治国、平天下"的理想,充分肯定了阅读和学习的社会作用。他们提出了"化民成俗,其必由学乎""人不学,不知道"等正确主张,并对阅读做出指导和规范:首先,他们规定了阅读的任务,明确了阅读的内容。阅读是学习的重要方式,荀子在《劝学篇》中说道:"学,恶乎始?恶乎终?其数则始乎诵经,终乎读礼,其义则始乎为士,终乎为圣人。"可见,"经""礼"是当时的学习内容,"士""圣人"是当时的学习目的。同理,阅读的任务和目的是"为己""成圣",即提高修养、践行道义。阅读的内容则主要是孔子整理的六经。其次,确立了阅读的基本原则,如"读思结合""学行一致""循序渐进""自求自得""博约相兼"以及"知人论世"等。最后,提出了阅读的技巧和方法,如"教学相长""默而识之""举一反三""触类旁通""一以贯之""善问善答""罕譬而喻""以意逆志"等。

三、秦汉时期的阅读状况

秦始皇统一中国前,秦国已收藏了大量的图书。至秦统一六国后,又将周朝及诸侯六国的藏书集藏起来,这就使秦朝的官府藏书量大大增加。与官府藏书的壮大形成鲜明对比的是秦朝私人藏书的不幸遭遇。秦在统一中国后的第九年,即秦始皇执政的三十四年(前213年),秦始皇采纳了丞相李斯的建议,颁布了"挟书律",焚毁民间藏书,一场规模空前的"焚书"活动就这样开始了。据《史记·秦始皇本纪》记载,此次焚书的范围主要是"非博士官所职,天下敢有藏《诗》、《书》、百家语者,悉诣守、尉杂烧之",而"医药、卜筮、种树之书"则幸免于难。也就是说,《诗》、《书》、百家语者,所烧的只是民间私藏,而对官方藏书影响不大。尽管如此,也还是有很多有识之士冒死私藏、阅读书籍,以使文化得以存续。

　　秦始皇焚书之后,天下藏书硕果仅存者便只有秦王室及政府的藏书了。公元前206年,楚王项羽入咸阳,"烧秦宫室,火三月不灭",朝廷藏书彻底被烧毁。在项羽发动此举的两个月前,刘邦率军抢先进入秦都咸阳,在樊哙等诸将劫掠金银珠宝之时,萧何独具慧眼,"尽收秦丞相府图籍文书"(《汉书·高帝纪》),并加以利用,在一定程度上减少了项羽焚书所造成的损失,并为西汉官府藏书奠定了基础。

　　汉朝政权吸取了秦朝消亡的教训,为了恢复礼法、稳定政权,在初建伊始便开始奉行"黄老学说、无为而治"的治国思想,在生产和文化上实行了一系列宽松的政策,这导致"文景之治"的治世局面出现,其后,汉武帝采取了一系列改革措施,使得汉朝的政治、经济、军事变得更为强大,中央集权得到了极大的加强。在文化上,废除了汉朝开朝之初奉行的黄老治国思想,改以罢黜百家,独尊儒术,实现了汉朝社会的转型。在官府藏书领域,汉王朝也做出了一系列突出的贡献:第一,广开献书之路,积极向民间征集图书。历经秦朝的两次书厄之后,西汉初期的典籍非常之少。为了丰富官府藏书,汉朝皇帝多次鼓励民众献书。汉高帝时,令"萧何次律令,韩信申军法,张苍为章程,叔孙通定礼仪"(《史记·太史公自序》),让学有专长的官员参与民间征书活动。汉惠帝时,官方正式颁布"除挟书律",随后诸多图书由此而面世,官府藏书开始复苏。汉武帝时,设置专门官员负责收书,由此,上至先秦六艺,下及诸子学说,均归属朝廷。按照刘歆《七略》的记载,武帝"敕丞相公孙弘,广开献书之路,百年之间,书积如丘山"。可见文献收集的成绩很大,除了各国史记损毁最大之外,先秦文献的其他方面基本上得到了恢复。第二,重视藏书管理,设立专门负责的馆员和机构。由于汉朝皇帝广开献书之路,官方藏书呈现出丰富且庞杂的状态,为了将这些藏书序化,朝廷设置多处藏书机构,并配置馆员专门整理藏书。据《汉书·艺文志》记载:"(武帝)建藏书之策,置写书之官。"这个"写书之官"应该是与图书活动有关的首批专职人士。但"写书之官"只是负责抄写典籍。真正涉及藏书的收集、保存、整理和利用的专职人员是"校书郎"。如《太平御览》卷二百三十三引《宋书·百官志》曰:"昔汉武帝建藏书之策,置写书之官,于是天下文籍皆在天禄、石渠、延阁、广内、秘府之室,谓之秘书。至成、哀世,使刘向父子以本官典其事。至于后则图籍在东观,有校书郎,又有著作郎。又硕学达官,往往典校秘书,如向、歆故事。"记录了负责整理藏书的官员由兼职到专职的历史变迁。

值得一提的是,汉朝在官方藏书整理和书目编撰方面出现了重大突破。汉成帝时期,刘向、刘歆父子受命整理国家藏书,按照广收版本、对校副本、生成定本、排定篇章、撰写叙录和抄成正本等一系列程序,编出《别录》和《七略》,开创了中国目录学研究的传统。《七略》在《别录》的基础上,将图书分为辑略、六艺略、诸子略、诗赋略、兵书略、术数略和方技略。其中,辑略相当于全书的概要,包括总序、各略总序和各种小序,论述先秦以来各个学术流派的形成、主张及得失,阐明其他六略的意义和学术源流,阐述六略之间的关系和每类书籍的用途,为学术研究和阅读实践提供了溯源穷流的路径。东汉的班固就是在刘向、刘歆父子的影响下编撰出了《汉书·艺文志》,开创了中国史志目录的先河。

由于汉朝大一统的安定环境及相对宽松的文化政策,著述文化开始繁荣,出现了不少著作名篇。哲学方面,有陆贾《新语》、贾谊《新书》、刘安《淮南子》、董仲舒《春秋繁露》、扬雄《法言》和《太玄经》、王充《论衡》等。史学方面,司马迁《史记》是我国文学上、史学上不朽的篇章,被鲁迅誉为"史家之绝唱,无韵之《离骚》",开纪传体史书之先河。班固《汉书》是继《史记》之后的我国又一史学名著,是我国第一部纪传体断代史。另外还有编年体史书《汉纪》、地方志史书《吴越春秋》和《越绝书》。文学方面,主要是赋、散文和民歌组成的乐府诗。贾谊《吊屈原赋》《鵩鸟赋》,枚乘《七发》,司马相如《子虚赋》《上林赋》,扬雄《羽猎赋》等都是汉赋中的名篇。散文除司马迁《史记》这类最早成就作品外,还有贾谊、晁错等人的政论文字,如《陈政事疏》《过秦论》《论贵粟疏》等。乐府诗如《古诗十九首》,是五言诗最早的代表作品。文字学方面,除辞书《尔雅》之外,东汉时还有许慎《说文解字》,是我国第一部分析字形和考究字源的字书。此外还有扬雄《方言》、刘熙《释名》、服虔《通俗文》等许多训诂专著。科技方面,农学专著有《氾胜之书》,医学上如张仲景《伤寒杂病论》《金匮要略》,天文学方面,如张衡《灵宪》《浑天仪图注》和《算网论》等都代表了当时最高成就,对后世科技发展有重大的影响。此外,由于佛教思想的传入,西汉末年,人们还开始了佛经的翻译工作,这一部分也丰富了汉朝藏书的内容。

在汉朝,私人藏书和阅读也得到了一定的发展。根据历史记载,当时的私人藏书主要具有五个基本特点:一是出现家族式的藏书积聚,二是藏书内容出现专题化倾向,三是民间私相赠送的现象开始普遍,四是收藏的历谱、日书等数术类文献增多,五是开始利用所藏图书进行治学和教学。

四、魏晋南北朝时期的阅读状况

魏晋南北朝时期(220—589年)是中国历史上政权更迭最为频繁的时代。在将近四个世纪的时间里,曾有三十余个大小王朝交替兴灭。虽然社会动荡、战乱不断,但是历代政权无不重视书籍在建设国家和教化人民方面所能起到的作用。因此,无论是官府藏书还是私人藏书都得到了一定的发展,阅读理论的研究更是蔚然成风。

在官府藏书方面,由于这一时期官府藏书的来源变得多样化,导致了官方藏书的数量激增,这刺激了藏书整理与编目的需求,也导致了以藏书管理为职志的专职秘书监的出现。傅荣贤《中国古代图书馆学思想史》一书中指出,在这一时期,官方编制的目录主要包括:魏秘书监郑默的《中经》,西晋秘书监荀勖的《中经新簿》,东晋李充的《晋元帝四部书目》、秘书郎徐广等人的《晋义熙四年秘阁四部目录》,等等。

在私人藏书方面,私人藏书的人数和所藏文献的数量、质量及规模比之前代皆有显著提高,甚至出现了不少拥书万卷的藏书大家。这一盛况得益于造纸技术的改进和提高。在纸张普及之前,中国古人的书写材料主要是竹木和缣帛。以竹木材料做成的图书,容量有限,体积和重量皆较大,不便于人们使用和流通。相较于竹木,缣帛更为轻便、平滑、柔软,但是由于制作难度较大,价格较为昂贵,也难以被广泛应用。为了找到更为廉价、方便且适于书写的物质材料,蔡伦在前人探索成果的基础上,"用树肤、麻头及敝布、渔网以为纸"(《后汉书·蔡伦传》),对造纸技术加以改进和革新。这一改进,使得纸张日益普及。如果说,魏晋时期尚处于纸张与竹木和缣帛并行的时代,那么,到了南北朝时期,随着纸张优良性的不断突显,纸书逐渐取代竹木、缣帛而风行全国,成为中国书籍唯一通行的书写载体。随着纸张日趋广泛的普遍使用,书籍生产、传播和利用的方式也发生了变化。纸的广泛使用改变了书籍的形制,优化了书籍出版传播的工序和形式,书籍制作的效率得到提高,知识记录、信息传播变得非常便利,这客观上使得书籍更易于流布,为藏书数量的增多和藏书家数量的扩大提供了现实可能和重要动力。同时,书籍数量的增多,促生出两种专业人员——"佣书"(以抄书为业)和"书贩"(以卖书为业)。这两种职业的出现,使得人们可以更加便捷、快速地积聚书籍,大大推动了私人藏书的发展规模。

这一时期私人藏书和阅读呈现出诸多特点,成为后世私人藏书风向和阅读的基础与标杆。

第一,书籍受到普遍重视。在当时的许多人眼中,图书的价值要甚于财富和荣誉。史料中大量记载了时人"只爱图书不爱财"的例子,例如,《晋书·应詹传》中记载,东晋应詹"与陶侃破杜(涛)于长沙,贼中金宝溢目,詹一无所取,惟收图书"。《宋书·谢弘微传》中记载,谢弘微"所继丰泰,惟受书数千卷……遗产禄秩,一不关豫"。《宋书·王昙首传》中记载,王昙首"兄弟分财,昙首惟取图书而已"。《南齐书·褚渊传》中记载,南齐褚渊,其父死时"渊推财与弟,惟取书数千卷"。这些史料,都可证书籍在当时人们心目中的地位。

第二,书籍得到广泛流通。文人士大夫间相互传抄,互通有无,与人共读,是当时的社会风尚。除此之外,私人藏书家"公其所藏、惠泽邻里"也形成很多历史佳话。例如,《晋书·儒林传》中记载,范平"家世好学,有书七千余卷。远近来读者,恒有百余人。蔚为办衣食"。范平不仅热情出借所藏图书,而且还让其孙范蔚为读者提供衣食住宿,绝对堪称义举。《北史·元晏传》中记载,晏好集图籍,"诸有假借,咸不逆其意,亦以此见称"。《北齐书·裴诹之传》中记载:"(裴诹之)尝从常景借书百卷,十许日便返。"《南齐书·崔蔚祖传》中记载:"(蔚祖)聚书至万卷,邻里年少好事者来从假借,日数十帙,慰祖亲自取与,未尝为辞。"《北史·刘昼传》中记载,昼"知邺令宋世良家有书五千卷,乃求为其子博士,恣意披览,昼夜不息"。可见,当时书籍流通、藏书读书之风的兴盛。

第三,阅读风气良好。在当时,社会开始兴起"书香传家"的风气。著名的《颜氏家训》就是形成于这个时期。在《颜氏家训》中,颜之推劝诫子弟积极读书,并系统地阐述了他对于读书、治学、立身等方面的认识。此外,社会上涌现出不少爱书勤学的人士,据《南齐书·高逸传》记载:"(沈驎士)家贫,织帘诵书,口手不息……怀书而耕,白首无倦。"而像"囊萤""映雪""书癖""书橱"的典故也源出于此时。这些都能反映时人对于阅读的崇尚和热爱。在这种优良风气中,书籍的著述与创作也更为活跃和繁荣,通俗文体得到普通民众,特别是中下层民众的喜爱。这一时期的作家作品数量远超前代,文学技巧趋于成熟,文学理论进一步发展,传统文体继续发展。许多著名作家的诗、赋成为书肆的热销品种,其他题材的名著也层出不穷,如志怪体、笔记体小说。《搜神记》《世说新语》均为这一时期新文学创作的代表。更为重要的是,这一时期文学发展进入自觉时代,面对先秦以来流传的众多著述,需要确定一个艺术性的标准以进行文学或非文学作品的甄别,以及优秀文学作品的选择。文学评论就是因应这种需要产生的。在当时,最具代表性的文学评论就是《文心雕龙》,作者刘勰在该书中总结出阅读鉴别文章的"六观"标准:"将阅文情,先标六观。一观位体,二观置辞,三观通变,四观奇正,五观事义,六观宫商。斯术既形,则优劣见矣。"它的出现引导了社会阅读风尚和作家创作、收藏的选择。为了适应知识总量大大增加而导致的知识结构的变化,方便人们查找、阅读相应的书籍,在当时还出现了一种新的书籍形态——类书。《三国志·魏书》卷二中记载:"初,帝好文学,以著述为务,自所勒成垂百篇。又使诸儒撰集经传,随类相从,凡千余篇,号曰《皇览》。"类书的出现,在一定程度上解决了知识总量激增的情况下人们阅读书籍和创作文章的难题。

五、隋唐五代时期的阅读状况

581年,杨坚以宫廷政变方式建立了隋朝。589年,隋灭陈,结束了魏晋南北朝以来近四百年分裂动乱的局面,实现了自秦汉以来第二次政权统一的局面,开启了中国封建社会政治经济稳步发展、社会文化高度发达的黄金时期。在此基础上,唐朝(618—907年)进一步稳定政局,完善社会制度,形成了空前统一的封建大帝国,在政治、军事、文化、经济、科技等方面皆达到了以往未曾有过的高度。907年,唐朝灭亡,作为唐朝藩镇割据和唐朝后期政治的延续,中国历史进入了五代十国(907—979年)时代,这一时期战乱不断,但在文教政策方面依然延续了隋唐旧制,因而文化事业在这个兵荒马乱的年代不仅没有陷于瘫痪状态,而且还取得了一定程度的发展。

隋唐五代时期,中国正式进入写本书的鼎盛时代,总体而言,当时的藏书文化以及阅读文化主要有以下三大方面的发展:

首先,国家层面屡屡推出重书政策,促进了藏书文化以及阅读文化的繁荣发展。当时,除了国力强大、政治清明、社会安定和物产富庶外,文化教育事业也一度极为发达,这主要得益于统治者所推行的促进文化发展的政策。隋唐两代的统治者都充分了解到典籍在教化、经邦治国、立身这三个超越性层面的重要价值,认为典籍不是孤立存在的,而是与天道、政事、人事之间存在着密切关联,因而,对典籍的搜求、保管、整理和利用十分重视,并在相应领域采取了多种积极举措。开皇三年(583年),隋文帝认可了牛弘所提出的"故知经邦立政,在于典谟矣","为国之本,莫此攸先","曷尝不以《诗》《书》而为教,因礼乐而成功也"(《隋书·牛弘传》)等观点,并接受了牛弘关于征集图书的建议,下诏广集天下图书,为藏书兴旺奠定了坚实的基础。在其统治期间,隋朝官藏不仅在数量上,而且在装帧和典藏上都达到了盛绝古今的程度。隋朝的第二位统治者隋炀帝尽管残暴恣肆,却对收集典籍情有独钟,史称"炀皇好学,喜聚逸书,而隋世简编,最为博洽"(《旧唐书·经籍志》)。所以,总体上,隋朝统治者均把书籍视为经邦大典,这一观念也贯穿于唐朝,重书政策依然执行不怠。贞观年间,魏徵主持修成《隋书》。《隋书·经籍志》清楚表明了统治阶层的重书政策和思想:"夫经籍也者,机神之妙旨,圣哲之能事,所以经天地、纬阴阳、正纪纲、弘道德,显仁足以利物,藏用足以独善。学之者,将殖焉;不学者,将落焉。大业崇之,则成钦明之德。匹夫克念,则有王公之重。其王者之所以树风声、流显号、美教化、移风俗,何莫由乎斯道。"可见,当时的统治者充分肯定书籍在重道弘教、经邦立政方面的实用价值,他们认为书籍不仅是国家经邦立政之大典,而且也是个人修身之必需,因此,十分推崇文化与典籍,这自然会激起一些学者著书、藏书、读书的热情,也对社会上的藏书之风、阅读之风起到推波助澜的作用。文化的发达不仅使书籍增多,还使用书的人增多。这一时期,上至王公大臣,下到平民百姓,均以能文善诗为荣。社会风气如此,遂使当时文人士子无论是求仕进或进行社会交往,还是著书立说,都需要广泛地利用图书。国子学和官府一些部门的藏书就是为满足这种需要而建立的。

其次,雕版印刷术的发明使得图书典籍的大量生产成为可能,这为隋唐五代时期私人藏书和阅读的迅速发展奠定了基础。造纸技术的进一步提高,装帧手段的进一步改进,虽然都提高了典籍的生产和传播效率,迎来了写本书的鼎盛时代,但是当时制作典籍的形式依然是人工抄写,这就制约了书籍的大规模传布。此外,随着社会物质经济条件的进步,人们对精神文化生活的需求也随之提高,必然要求一种效率更高、传播速率更快的典籍生成方式,因此,雕版印刷术应运而生。学术界一般认为雕版印刷术自8世纪的中唐时期便开始出现,但是雕版印刷术彻底取代手工抄写成为书籍的主要生产方式,并被广泛地应用于社会生活的各个方面则经历了一个较为漫长的过程。雕版印刷术问世之初,由于技术较为粗糙,并未广泛运用于书籍的刊行,因此只用于民间印刷一些佛家经典、历书、字书、小学以及日常通俗读物。以历书为例,在我国封建社会,农耕为生活之本,掌握农时是劳动人民的基本生活方式。尤其是素有"天府之国"美誉的四川成都一代,农业发达,对历书的需求也就更为迫切。人民大众的日常需要促使雕版印刷术兴起。不过,雕版印刷在当时并未被封建统治者所接受,知识分子对其价值也缺乏足够的认识,因此唐代官府刻本及私人文集的刻印尚未正式出现。至五代十国雕版印刷开始普及和流行,其中的标志性事件就是《开成石经》的雕版刻印。《开成石经》的刊刻是中国古代官府刻书之肇始,说明早期主要在民间流行的雕版印刷术此时已经被官方接受和采纳,并开始在全国范围内普及。这是雕版印刷术发展成熟的结果。当时的官府之所以积极地从事典籍雕版印刷,是因为朝代更迭、战乱不止的特定社会环境让官府藏书遭到巨大破坏,为了迅速补充官府藏书,官方只得采取雕版印刷这一省力之法。这一举措使得雕版印刷变成官方的文化事业,这对雕版印刷术的普及起到了巨大的促进作用。除此之外,雕版印刷术的普及不仅使得官方刊印的正本取得权威地位,书籍版本得到一定程度的统一,而且还为阅读的普及和泛化提供了一个很好的条件。雕版印刷的盛行,改变了之前写本时代副本数量较少、书籍类型集中且价位较高的情形,不仅保证了传统经典被大规模刊行,前所未有地拓宽了获取书籍的机会和范围,而且还使得许多纸本时代不易见到或难寻难觅的书籍逐渐变成了易得之物,极大地丰富了人们阅读的内容。雕版印刷被广泛应用后,书籍成为普通家庭的必备之物。即使并不以举业、学问为目的,普通人也要读书明理,这已基本成为社会共识。

最后,科举制度的确立,激发了人们的藏书热情和读书渴望。在政治方面,隋朝以前,中国封建社会选官主要采取以名门望族好恶为标准的"九品中正制"。隋朝建立后,这种选官制度已经显得不合时宜。隋大业二年(606年),隋炀帝正式开设进士科,用各种制科考试的方法选拔官吏,科举制度由此开始建立。科举制度的建立,是中国古代选士制度的一条重大分界线。它在一定程度上限制了门阀士族把持选士、垄断资源的局面,为庶族地主参加政权开辟了道路。到了唐朝,统治者为了维护社会的安定和政治的清明,在继承隋制的基础上,全面推行科举取士办法。在这一时期,科举制度日臻完善,规模亦越来越大。当时考试科目较隋朝增加了许多,包括明经、进士、明法、明算、明字及三史、三礼等多种门类,考试内容几乎遍及经、史、子、集四部典籍。如果说隋唐以前,读书在士人通向仕宦之路上的作用还不那么明显,那么,在隋唐之后,由于科举制度的实行,读书入仕的有效性被官方认可,读书成为社会中下层的知识分子进入仕途、改变社会阶层的唯一途径。自此以后,千余年来,在科举制度的影响下,读书、考试、做官三者被密切地联系在一起。无论是世家子弟,还是出身寒门,若想在朝堂上取得一席之地,必须勤学苦读。在这种情况下,人们对阅读产生了极大的热情,读书蔚然成风。但是不得不指出的是,从科举考试对阅读的影响来看,科举限制了读书的广度和深度。因为科举考什么,个人就跟着读什么,这使得个人的阅读取向完全屈从于国家借由科举制度所设定的要求和标准。就阅读儒家经典而言,由于"明经"一直是科举考试的必备科目,所以社会上开始形成重视经典的社会风气,但是时人读经不再纯粹地为了"修身、齐家、治国、平天下",而是为了通过考试,光宗耀祖,因而对儒家经典的阅读也是有选择性的,这不仅导致了诸如"死记硬背"等形式主义、教条主义的生成,而且还使得社会上出现了"两耳不闻窗外事,一心只读圣贤书"这种脱离实际的恶劣学风。除此之外,自科举成为人们进入官场、取得高官厚禄权势的阶梯后,读书的目的就变成"十载寒窗,一举成名,富贵荣华,锦衣玉食"。具有一定进步意义的"学而优则仕"的理想被完全扭曲,阅读本身的价值被科举考试的工具性所消解,阅读从此充满了功利主义的味道,求取功名成为人们阅读最为直接的主要动力。主张读书以致富贵的言论在社会上大行其道。如韩愈劝人读书时说,即使两个人出生时境况相同,但是若读书,就能"一为公与相,潭潭府中居",而不读书者则"一为马前卒,鞭背生虫蛆",因此,要"灯火稍可亲,简编可卷舒。岂不旦夕念,为尔惜居诸。恩义有相夺,作诗劝踌躇"。杜牧也说:"愿尔一祝后,读书日日忙。一日读十纸,一月读一箱。朝廷用文治,大开官职场。愿尔出门去,取官如驱羊。"这种借由读书一步登天的阅读理念支配了很多代的知识分子。当然,科举制在隋唐时期的文化领域也取得了很大的社会效益,尤其在促进人才成长方面功不可没。相较于隋唐之前官方采取的荐举制,科举制在官员选拔和人才鉴定方面是有明确标准的,因而也选拔和造就了一大批青史留名的人物。如名相房玄龄,大诗人白居易,大文学家韩愈等都是进士出身。唐代一些著名藏书家,如韦述、萧颖士、刘禹锡、柳宗元、柳仲郢等数十人,也都是进士及第。同时,由于科举制对文学、诗歌的重视,唐代诗歌极度盛行,这一时期也产生了不少传世佳篇,在清康熙四十六年(1707年)编成的《全唐诗》中,所收录的诗篇达四万八千九百余首。

六、宋辽夏金元时期的阅读状况

960年,赵匡胤发动"陈桥兵变"推翻后周,建立北宋王朝,结束了五代十国长达近一个世纪藩镇割据分裂局面,开启了中国历史上又一个经济与文化教育繁荣的朝代。靖康二年(1127年),金军攻陷汴梁,掠去徽钦二帝,北宋灭亡。宋室南渡,康王赵构定都临安,建立新政权,史称南宋。两宋政权一共延续了三百多年的时间。两宋时期,在北方先后有辽、西夏、金等政权。13世纪初,蒙古族兴起,相继灭金和南宋,于1276年建立统一全国的元朝。宋元时期是中国封建社会继续发展的时期,是又一次从封建割据到全国统一的时期。

宋太祖赵匡胤在建立赵宋政权以后,为避免唐后期藩镇割据和宦官干政等问题,将军权、行政权、财政权以及司法权归于中央以加强中央集权,并采取"崇文抑武"的国策,重用文臣,以文制军。他深感"宰相需用读书人"。不但宰相用读书人,上至枢密院,下到各级地方官员都起用文人担任。宋太宗赵光义继承并发展了宋太祖的重文政策,推行了一系列措施来倡导"文治",他广开科举之门,大力发展教育,进一步改革和完善了隋唐以来的科举选拔制度,并构建和发展以儒学为中心的封建文化体系,提倡尊孔崇儒。由于科举考试增加取士人数的刺激,以及官私书院讲学之风的兴起,宋朝社会普遍形成了"万般皆下品,唯有读书高"的观念。在当时,读书仕进成为普通民众,特别是读书人的首选和唯一的正途。在这样的环境下,读书受到高度推崇,读书之风盛行,读书人的数量也大大增长。为了更好地应对科举考试,士子们完全按照科举制度的要求读书学习,阅读开始呈现出明显的实用主义倾向。同时,宋朝的统治者,都在读书学习方面身体力行,这也带动了文化事业的繁荣,哲学、史学、教育、科技、文学艺术的发展都达到了前所未有的高度和水平,在各个领域都涌现出一批杰出人物。

  在这样的背景下,宋朝社会各阶层开始重视藏书、读书,书籍在社会上广泛流通,私人藏书事业发展迅速,并取得了辉煌的成就。无论是在书籍数量上,还是在书籍质量和内容上,抑或是在对书籍的利用上,这一时期的私人藏书均超过以往,更是有为数不少的个人藏书数万卷,甚至超过国家三馆藏书。总体来看,宋朝在私人藏书和私人阅读方面的进展主要有以下几个方面:第一,重视书籍的价值。宋朝私人藏书的兴盛与时人对书籍价值的认识存在着直接的关系。刘清之《戒子通录》卷六《教子语》曰:"人生至乐无如读书,至要无如教子。"杨万里《诚斋集》卷七十八载尤袤之言曰:"吾所抄书,今若干卷,将汇而目之,饥读之以当肉,寒读之以当裘,孤寂而读之以当友朋,幽忧而读之以当金石琴瑟也。"可见,当时的私人藏书家已经认识到书籍在精神领域的价值,并因这种价值而热衷于藏书、读书。第二,抄本与刻本并存。雕版印刷术更加成熟,使用范围也不断扩大,为刻本生产和传播创造了更为便利的物质条件。陆游、洪适等人是当时热衷于刻书的代表。但是由于刻书需要一定的经济基础,故抄书也并未被废止,遂形成抄本与刻本并存的局面。第三,广建楼阁,并赋予其专门名称。随着藏书积累量的增大,藏书家开始建楼贮书,并为所建楼阁命名。其中具有代表性的楼阁有:李公择的李氏山房,张邦基的墨庄,朱钦的万卷楼,范峴的经史阁,司马光的读书堂,赵明诚、李清照夫妇的归来堂等。第四,编制私藏目,总结藏书经验。宋朝私人藏书家还有很多根据所藏编制了藏书目录,如江正的《江氏书目》、田镐的《田氏书目》、李淑的《邯郸图书志》等。特别需要注意的是,宋朝私人藏书家在分类编目时,以四分法为基础,或增减,或删并,多有创新。在体例上,首开私家藏书叙录体提要目录先河,还出现了首家著录一书不同版本的私人藏书目录。前者的代表作就是晁公武的《郡斋读书志》与陈振孙的《直斋书录解题》,后者的代表作是尤袤的《遂初堂书目》。第五,重视对藏书的利用。宋朝私人藏书家是十分重视书籍利用的,十之八九的藏书家都有数量不等著述传世或曾经行世,唐宋八大家中的宋朝欧阳修、曾巩、苏洵、苏轼、苏辙,都是身兼广聚书籍的藏书家,他们文章洵美,名倾天下,这正是勤奋读书的结果(任继愈)。此外,特别值得一提的是,宋朝藏书家不仅自己读书,而且还将私人藏书公之于外,供人利用。《苏轼文集》卷十一《李氏山房藏书记》记载:"余友李公择,少时读书于庐山五老峰下白石庵之僧舍。公择既去,而山中主人思之,指其所居为李氏山房,藏书凡九千余卷……而书固如也,未尝少损,将以遗来者,供其无穷之求,而各足其才分之所当得。是以不藏于家,而藏于其故所居之僧舍,此仁者之心也。"私人藏书在宋朝一直保持较快的发展,虽然历经北宋末年的战乱,北方的私人藏书受到一定程度破坏,但宋室南渡后,很快又在江南地区恢复起来。

除此之外,肇始于唐朝的书院,在宋朝也发展到相对成熟的阶段,这也为人们阅读提供了支持。虽然当时的书院接受帝王或者官府的颁赏、具有半民半官的性质,但是就总体而言,宋朝书院主要是为教学和阅读服务的,而教学和阅读的最终目的不是为了科举赶考,而是"明道""修身""成君子",正如宋朝名臣袁甫在《蒙斋集》卷十三《象山书院记》所言:"书院之建,为明道也。"或如南宋学者包恢在《盱山书院记》中所言:"夫以书院名,是所主在读书也……圣贤之书所以明道,书即道,道即书,非道外有书,书外有道而为二物也。"可见,当时的书院以"君子之学"为职志,因而在书院中,生徒们主要研习和阅读的是儒家经典、正史、名人文集等一些著作。宋朝书院形成了自学为主、讲学为辅的教学特色。正由于这个原因,书院比一般的学校更重视读书。南宋学术大宗师朱熹亲自制定了"居敬持志,循序渐进,熟读精思,虚心涵泳,切己体察,着紧用力"这六项读书原则。他认为,书院教师的任务只是"做得个引路人"。"师友之功,但能示于始而正于终耳。若中间三十分功夫,自用吃力去做"。在自学为主的教学中,学生进入书院的主要目的是较为方便地得到老师的教导。学生多半时间都在自修和阅读,只在遇到疑惑时,才去向老师求教,或与同学进行讨论。这种方式使学生更多地钻研书本,更倾向于学术研究。出于"传道"的目的,宋朝书院藏书不仅为院内师生服务,也为地方士子服务,并形成"屋庇寒士""书惠学林"的开放取向。例如,叶适《水心文集》卷九《石洞书院记》中曰:"东阳郭君钦止,作书院于石洞之下。石洞,郭氏名山也……(郭君)既而叹曰:'吾寒生也,地之偶出于吾庐,非赐余者,吾其可自泰而游?将使子孙勤而学于斯,学其可以专,盍使乡里之秀并焉。'于是度为书院,礼名士主其学,徙家之藏书以实之,储洞之田为书院之食,而斥洞之山为书院之山,示郭氏不敢有也。"杨万里《诚斋集》卷七十六《龙潭书院记》中曰:"士之自远而至(龙潭书院)者常数百千人,诵弦之锵,灯火之光,简编之香,达于邻曲。"这些史料都是宋朝书院向社会开放的例证,同时也是社会阅读兴旺的例证。

916年,辽太祖耶律阿保机建立了契丹国。947年,耶律德光改国号为"大辽"。辽太祖出于"汉契一家"的文化理念,在建国伊始就采取了"学唐比宋"的政策,所以,其统治地区"任中国贤才,读中国书籍,用中国车服,行中国法令"(《续资治通鉴长编》卷一五〇)。圣宗时(983—1031年),文化得到发展,已能供应其他国家儒书。道宗时(1055—1101年),承平日久,文运昌盛,儒学更是大为兴盛,中央政府及各地设学置官,学习五经,培养儒士。曾先后与辽、北宋、金、南宋鼎足而立的西夏,是以党项族为主体,包括汉族和其他少数民族建立的封建割据政权。西夏自1038年元昊称帝立国后,便开始重视汲取汉族文化。统治者以儒学为治国之道,翻译儒家经典,实行科举制度,很快走上了封建化的道路。西夏文化的蓬勃发展,形成了大量西夏文、汉文、藏文书籍文献,但众多的西夏书籍随着西夏的灭亡而消失。金朝为女真人建立。1115年,女真首领完颜阿骨打建立金朝。金朝重视教育,推崇儒学。海陵王天德三年(1151年)设国子监,统领国子学。私学也很盛行。其教学课程多袭用中原旧制,以儒经为主要学习内容。总体而言,辽、西夏、金统治地区的私人藏书事业相对于宋朝来说很不发达,但也决非一片空白,出现了许多少数民族藏书家。如辽朝的耶律倍、金朝的完颜畴等,都是中国藏书史上有名的人物。这是历史上中华各民族在文化上相互影响、共同进步的具体表现。此外,不可不提的是,在金朝曾出现过建立公书楼的思想。《金文最》卷二十八所收孔天监《藏书记》,是为友人承庆在平阳将家藏图书公之于众的记文。他说:"(友人承庆)虽家置书楼,人畜文库,尚虑夫草莱贫乏之士,有志而无书。或未免借观手录之勤,不足于采览,无以尽发后生之才分。吾友承庆先辈奋为倡首,以赎书是任,邑中之豪,从而和之,欢喜施舍,各出金钱,于是得为经之书有若干,史之书有若干,诸子之书有若干,以至类书字学,凡系于文运者,粲然皆修。噫!是举也,不但便于己,盖以便于众;不特用于今,亦将传于后也。顾不伟哉!将见濡沫涸辙者,游泳于西江之水;糊口四方者,厌饫乎太仓之粟。书林学海,览华实而操源流,给其无穷之取,而尽读其所未见之书,各足其才分之所当得,莫不推本于此。则房山之藏不得专美于李氏,阆市之区区,无劳于汉人也。是以义风,率先他邑,使视而仿之,慕而效之,一变而至于齐鲁,蔚然礼义之乡,其为善利,岂易量哉。"作者以赞赏的口吻,记述了友人承庆的义举:大量购书以增益所藏,而所藏图书全部对有志无书的贫乏之士开放。不仅如此,这一义举还为同邑豪族所纷纷效仿,产生了榜样作用。

元朝虽以武力得天下,但从元世祖忽必烈起,统治者们日益意识到蒙古祖先"武功迭兴,文治多缺"(《元史·世祖本纪》)的不足,因而他们积极实行蒙汉两族联合进行统治的体制。这种统治,使得蒙汉两族文化相互渗透和影响,因此,元朝的文化呈现出比较复杂的现象。元朝中期,社会经济逐渐得到恢复,特别是在日益发达的刻书业与出版业的推动下,与书籍相关的事业亦得复兴与发展。虽然无法与私人藏书和阅读活动达到空前高峰的宋朝相比,但是当时也涌现出不少少数民族藏书家,如契丹人耶律楚材、畏兀儿人廉希宪、回回人赛典赤·赡思丁等,都有非常可观的收藏。在当时,大多数人聚书、藏书和读书的首要目的不是为了科举名利,而是为了修养身心、反省穷理。这一藏读取向,既与宋末遗臣入元不仕有关,也是有元一代在大部分时期内不行科举的现实反映。很多士人遂以藏书、读书自娱,并以此互相交友相处。故在记述元朝藏书家的材料中,不乏"日以经史自娱"或"以待宾客""与之游"之类的记载。此外,与历代私家藏书一样,元朝藏书家们积藏图书的另一重要目的与用途是延师以教子孙,希冀子孙们好学上进,读圣贤书,达则致君泽民,穷则能善其身。需要特别指出的是,元朝的一些藏书家并没有把自己心爱的藏书束之高阁、秘不示人,而是将其向社会开放,以供他人披览、借阅。例如,许友壬"冯氏书堂"订有阅书规章,称"凡借者恣所取,记其名若书目,读竟则归,而销其籍;损者不责偿,不归者遂与之,以激其后;缺者随补之"。可见,当时的藏书家能够非常通达地处理书籍的藏用关系,大大地提高了书籍的社会利用率,促进了元朝文化学术事业的发展。

七、明朝时期的阅读状况

自1368年,朱元璋推翻元朝统治,在南京称帝,建立明王朝,至1644年李自成攻破北京,明朝灭亡,明朝统治时间达二百七十七年。这段时间战争相对较少,社会趋于稳定,再加上有利于农业、手工业发展的各种政策,经济有了很大的发展,民间贸易往来频繁,城市化扩展迅速,明末甚至出现了资本主义的萌芽。尤其是江浙地区,比其他地区更为繁荣。明朝统治者重视文化建设,积极完善科举制度,教育普及率得到提高,学术文化也十分发达。明朝是一个总结、积累和承前启后的时期藏书、读书活动达到了前所未有的繁荣。

明初太祖、成祖以及宣宗等皇帝十分重视文化建设,当时的皇家宫廷藏书集中了宋、辽、金、元诸代的国家珍藏,又加洪武、永乐、宣德等几代皇帝多次向民间征书,广泛搜求各类书籍,使得明朝的官方藏书呈现出一派繁荣的景象。在其全盛时期,皇家宫廷藏书数量多达两万余部。除了皇家宫廷藏书外,当时的中央机构各部院、国子监及各府、州、县学都有数量可观的藏书。面对如此繁多的藏书,明朝政府组织了多项藏书整理工程,其中具有代表性意义的工程有两个:一个是《永乐大典》的编纂,一个是《文渊阁书目》的完成。明初《永乐大典》的编纂,是一次规模巨大的藏书整理工程,它是由两千多名学者参与、耗时六年才得以完成的一部百科全书式的文献集。它共抄录的书籍约有七八千种之多,对保存文献、传承文化意义重大。《文渊阁书目》是第一部官修国家藏书目录,它成书于英宗正统六年(1441年),由大学士杨士奇等人奉敕编撰。

它的编排方法较为特别,按《千字文》的前二十字"天地玄黄,宇宙洪荒,日月盈昃,晨宿列张,寒来暑往"来分类编号,又按五十橱庋藏。每个字号有一字一类者,有一字若干类者,每种书一个顺序号,如所记"天字共五橱三百二十二号",即三百二十二种书。这是今天所能见到的汉籍书目中最早使用千字文编排的书目。书目中的每种书籍都有明确的标识,既便于排列和检索,又便于整理和统计。这是书目兼有检索功能的初次尝试,是对目录体例的创新,意义重大。

明朝在私人藏书和阅读方面也达到了空前兴盛的地步,在藏书数量和规模上均超过前代。各地藩王的藏书中有许多是朝廷颁赐的宋元旧本,所以质量很高,加之他们又饶有资财,广事搜集,所以藩王藏书历来为人所艳称。如太原晋庄王朱钟铉和南昌宁献王朱权以及后期朱橚、朱郁仪等,都是杰出代表。当然,明朝私人藏书影响最大的还在民间,据叶昌炽《藏书纪事诗》和吴晗《江浙藏书家史略》的不完全统计,明朝藏书家达四百二十七人(不含藩王藏书)。其中,当属范钦最为著名。范钦为官多年后离职,回归故里,以藏书为乐。他一生嗜书,凡历官至一地,皆留意当地典籍,广事搜集,所藏日富,以致旧有之东明草堂不敷应用,遂在月湖之西、宅邸之东建天一阁藏书楼,以庋藏典籍。范钦的天一阁藏书不仅数量众多,最多时达七万多卷,而且收藏类型多样、独具特色,除了经典书籍,天一阁还着重收藏了如明朝的地方志、科举录及内部官书文件等文献资料。

明朝的一些著名藏书家不为藏书而藏书,而是为了阅读而藏书。他们将书籍的收藏与学术研究等活动相结合,从而提高自己的学识。如东里草堂主人杨士奇曾说:"积书岂徒以侈座隅、充箧笥而已?必将讲读究明务得之于心,而行之于身也。"(《东里续集》卷十四)强调藏书供读书、著述之用。妙赏楼主人高濂同样有这样的认识。他说,藏书应"无问册帙美恶,意惟欲搜奇索隐,得古人一言一行之秘,以广心胸"。他批评某些藏书家"不乐读诵,务得善本,绫绮装饰,置之华斋,以具观美",结果"尘积盈寸,经年不识主人一面,何益哉?"他自己对藏书"类聚门分,时乎开函摊几,俾长日深更,沉潜玩索,恍对圣贤面谈,千古悦心快目,何乐可胜?古云开卷有益,岂欺我哉!不学无术,深可耻也!"(《遵生八笺·燕闲清赏笺》)正是通过读书,高濂创作了《节孝记》《玉簪记》等戏曲,成为明朝著名的戏剧家。谢肇淛同样认为藏书是为了"明义理""资学问"。他还批评了"浮慕时名,徒为架上观美"的"谓之无书"型藏书家,"广收远括,毕尽心力,但图多蓄",但"不事讨论""半束高阁"的"书肆"型藏书家和"博学多识""记诵如流",但"难以自运""寸觚莫展"的藏书家(《五杂俎·事部一》)。正是在为藏而用的指导思想下,明朝藏书家中才涌现了宋濂、王世贞、胡应麟、郎瑛等大学问家,为中国文化薪火相传、学术文化持续发展做出重要贡献。

　　明朝的藏书者不仅通过藏书满足了自身对提高学识的渴求,还提出了"共读"的相关思想,将所藏的珍贵书籍分享出去,以使得更多的人可以获得阅读的机会。钱谦益《跋陶南村〈草莽私乘〉第二跋》云:"李如一好古嗜书。收买书籍,尽减先人之产……每得一遗书秘册,必贻书相闻,有所求假,则朝发而夕至。尝曰:天下好书,当与天下读书人共之! 古人以匹夫怀璧为有罪,况书之为宝尤重于尺璧,敢怀之以贾罪乎? 余甚愧其意,然未尝不叹此达言,以为美谈。"记载的是藏书家李如一将所藏书籍慷慨与人分享的美谈。另一个例子是曹溶,他在为钱谦益《绛云楼书目》所作《题词》中就已说过:"偕同志申借书约,以书不出门为期,第两人各列其所欲得,时代先后、卷帙多寡相敌者,彼此各自觅工写之,写毕,各以本归。"实际上,他在崇祯年间更完整地提出了《流通古书约》:"子今酌一简便法,彼此藏书家,各就观目录,标出所缺者,先经注,后史逸,次文集,次杂说,视所著门类同,时代先后同,卷帙多寡同,约定有无相易,则主人自命门下之役,精工缮写,校对无误,一两月间,各斋所钞互换。此法有数善:好书不出户庭也;有功于古人也;已所藏日以富也;楚南燕北皆可行也。敬告同志,鉴而听许。"曹溶首次提出古书流通法,向藏书家们指出其藏书职责不仅仅是保藏,更在于流通和阅读。正因为普遍流通和借阅的实现,才有了明朝文学家徐祯卿"资颖特,家不蓄一书,而无所不通"的现象发生。

　　除此之外,为了更好地阅读,时人还进行了卓有成效的书籍整理,他们将所收藏书籍进行校勘,比较异同,补充得失,进而形成了多部影响深远的书目。据汪辟疆先生的《目录学研究》统计,明朝私人藏书家编制的书目达四十一种,有二十种流传到今天。朱睦㮮的《万卷堂书目》、黄虞稷的《千顷堂书目》、祁承㸁的《澹生堂藏书目》等一直受到后世学者称赞。此外,祁承㸁还根据自己丰富的读书和藏书经验,写成了《澹生堂藏书约》一书。《澹生堂藏书约》分《读书训》《聚书训》《藏书训略》三部分。《读书训》前有小序,收录古人勤学苦读事迹二三则,训示诸子"尔辈读书,务须奋志法古"。《聚书训》前亦有小序,教导诸子要爱书,"至于抄录校雠,更不可废"。此书最值得重视的是第三部分《藏书训略》,他对如何收集、鉴别书籍提出了影响后世的观点。在收集书籍方面,他提出"购书三术论",即"眼界欲宽,精神欲注,而心思欲巧",意思是说,在收集书籍的过程中,要避免故步自封、局于一隅,而是应该拓宽眼界,兼容并蓄;同时,还要多动脑筋、另出新意、孜孜以求,如此方可收集到好书。在鉴别书籍方面,他指出"鉴书五审论",即"审轻重"(按书的内容和成书时间的先后区别先后次序)、"辨真伪"(要注意辨别书的真假)、"核明实"(对书的实际情况进行考证，不被表面现象迷惑）、"权缓急"（按照经世致用的原则，对各类图书给予不同的重视）、"别品类"（注意图书的分类编目），这些可贵的真知灼见对现代人仍有很高的参考价值。

这一时期，关于"如何阅读经典"的理论也得到了深入的发展。一些学者开始对"习训诂，传记诵"提出质疑。心学大家湛若水在《甘泉文集·广德州儒学新建尊经阁记》中曰："夫经也者，径也，所由以入圣人之径也。或曰警也，以警觉乎我也。传说曰：'学于古训。'夫学，觉也，警觉之谓也。是故六经皆注我心者也，故能以觉吾心。《易》以注吾心之时也，《书》以注吾心之中也……曰：'然则何以尊之？'曰：'其心乎。故学于《易》而心之时以觉，是能尊《易》矣，学于《书》而心之中以觉，是能尊《书》矣……'觉斯存之矣，是故能开聪明，扩良知。非六经能外益之聪明、良知也，我自有之，彼但能开之、扩之而已也。如梦者、醉者，呼而觉之，非呼者外与之觉也，知觉彼固有之也，呼者但能觉之而已也。故曰六经觉我者也。"湛若水重点强调"学，觉也"，所谓学习（包括通过阅读而进行的学习）也就是自我觉悟；"经也者，径也"，以经典为代表的书籍，作为阅读的对象，只是启迪自觉的手段或路径；由"径"而"觉"的关键在于尊其心，即基于读者自我本心具足的"良知"。正是在这一意义上，读书的核心是读者"用心"。这一看法获得了其他学者的认可和肯定，如岳和声《共学书院志·典籍志序》引陈献章语曰："以我观书则开卷有益，以书博我则释卷而茫然。"孙慎行、张鼐《虞山书院志·书籍志序》指出："书籍多，博学之助也。以我博之如淮阴之用兵，岂患其多多哉。""读书用世，千条万派只是一源，识得源头便是真读书、真用世。"可见，时人认为阅读之要在于通过阅读而获得内心的觉悟，而非仅从认识层面了解各种知识。

这一时期，通俗阅读也开始在民间流行。明朝以后，人们对通俗文学作品的需求十分旺盛，催生了戏曲、小说等通俗文学的发展。《三国演义》《水浒传》《西游记》《金瓶梅》等闻名于世的古代通俗小说都形成于此时。随着通俗文学作品的风行天下，主导着社会话语权的正统文人对通俗阅读的态度，似乎也在发生着变化。

八、清朝时期的阅读状况

明万历十四年（1586年），努尔哈赤称汗，国号"大金"。明崇祯九年（1636年），皇太极改国号为"大清"，崇祯十七年（1644年）清军入关，顺治皇帝在北京登基，结束明王朝近三百年的统治，正式建立新的封建中央政权。纵观清朝历史，前后共二百六十八年，经历了奠定国基、康乾盛世和嘉道中落，以及晚清鸦片战争以后"三千余年一大变局"的多个阶段。

清朝统治者对中原的汉人文化采取了既提防又吸收的态度。一方面,他们从中国传统文化中借鉴了许多有利于其统治的思想和手段。例如,为了使知识分子从思想上归顺自己,清朝统治者提倡科举取士制度,直扬文治,提倡理学,组织大批知识分子为朝廷编书等,虽然这些举措的实施是为了笼络汉族知识分子,让其为朝廷所用,从而规范封建统治秩序,但是在客观上,也使国内形成一种有利于文化发展的氛围和风气,整个社会对读书、藏书产生了空前的兴趣。另一方面,清朝统治者采取了一些较为极端的暴力手段,以便控制汉人的思想、规范汉人的行为。例如,实行文字狱和以清剿文化为目的的大规模的修书工程。文字狱是统治者威慑、规训知识分子的重要手段。文字狱的本质是以"文字"定罪,绝大多数文字狱都是望文生义,捕风捉影,故意罗织罪名。虽然自秦始皇焚书坑儒以来,历代不乏采用暴力或强制性的行政手段来查禁、取缔危害政权稳定和统治秩序的思想文化的先例,但是在清朝顺治、康熙、雍正、乾隆期间,文字狱的实行程度最为惨烈,波及面也最为广泛。这导致许多知识分子把志向转到了与政治没有多大关系的考据学和训诂学方面。为了防止有碍思想统治的书籍流传,清朝统治者还开展了大规模的修书活动,如编纂《古今图书集成》和《四库全书》。《古今图书集成》是一部内容浩瀚无比的巨型类书,也是查找古文献最重要的百科全书,它由陈梦雷主持编纂,内容涵盖中国一万五千多卷经史子集的典籍。《四库全书》是中国历史上规模最大的一部丛书,它收书三千四百六十余种,汇集、审查并删改了从先秦到清朝前期的主要典籍,分为经史子集四部四十四类。为了保存《四库全书》,官方建立了北方宫廷四阁(北京皇宫文渊阁、圆明园文源阁、沈阳盛京文溯阁、承德避暑山庄文津阁)和江南三阁(扬州大观堂文汇阁、镇江金山寺文宗阁、杭州圣因寺文澜阁)。江南三阁,允许士子借读书籍,在一定程度上起到了普及文化、推广阅读的作用。

在这样的背景下,阅读人口得以增长,社会上形成了一种崇尚阅读的风气,也出现多位热爱阅读、重视阅读的皇帝。顺治皇帝福临为了学习汉文,每天五更起床读书一直读到黎明。经过多年的刻苦研读终于能够阅读汉文书籍。在处理完政务之余依旧手不释卷。顺治皇帝喜欢阅读经部、史部书籍。在阅读经史典籍之余,对于集部诗文作品也特别喜爱,尤其是先秦辞赋、唐宋诗词和元明戏曲话本,他不仅大量背诵、朗读,还写读书笔记,撰写评语。其子康熙皇帝玄烨自幼喜好阅读,且读书十分用功、认真,甚至曾因阅读累坏身体。为了训示皇家子弟,康熙皇帝以格言形式撰写《庭训格言》八卷。其中,有多条格言都与阅读有关,如:"道理之载于典籍者,一定而有限;而天下事千变万化,其端无穷。故世之苦读书者,往往遇事有执泥处;而经历事故多者,又每逐事圆融而无定见。此皆一偏之见。朕则谓：当读书时，须要体认世务；而应事时，又当据书理而审其事宜。如此，方免二者之弊。""凡看书不为书所愚，始善。""圣经记载往迹，展卷诵读，则日闻所未闻，智识精明，涵养深厚，故谓之畜德，非徒博闻强记，夸多斗靡已也。""人之读书，本欲存诸心，体诸身，而求实得于己也。如不然，将书泛然读之何用？凡读书人，皆宜奉此以为训也。""人在幼稚，精神专一通利；长成以后，则思虑散逸外驰。是故应须早学，勿失机会。"此外，乾隆皇帝、嘉庆皇帝、道光皇帝、咸丰皇帝也都是好读书之人。

在平民阶层，阅读也是一个非常普遍的现象。首先，科举的兴盛带动了读书热潮，为了走入仕途、博取功名，大量的士子从孩童时期便开始诵习经书以达到"通其句读文义，能敷之为文"的程度。其次，学术研究的繁荣促使人们不遗余力地搜罗典籍、阅读藏书。从事专业创作和研究活动需要博览群书，清朝学者对读书与学术关系的认识非常朴素，他们强调读书，反对空谈的学风。黄宗羲曾说"读书不多无以证斯理之变化"，顾炎武提倡"博学于文""多学而识"。阎若璩"一物不知，以为深耻；遭人而问，少有宁日"。顾祖禹"经史皆能背诵如流水"。万斯同"博通诸史，尤熟于明代掌故，自洪武至天启实录，皆能暗诵"。可见他们读书的勤奋。在某种程度上，读书就等同于学术，没有书读，学者治学就等于无米之炊，而学者治学的成果也要通过著书来体现，形成了读书—治学—著书的学术链条。为了保证阅读的顺利进行，清朝学者也十分重视藏书，清朝张金吾就"读书必先藏书、藏书在于利用"之关系做了比较系统的说明："人有愚智贤、不肖之异者，无他，学不学之所致也。然欲致力于学者，必先读书，欲读书者，必先藏书。藏书者，诵读之资，而学问之本也。汉唐以来，书皆传写，后唐始有镂板，自是厥后，书日益多。至于今，挈数千金至市，可立致万卷。则当今日而言，藏书亦何足贵。然而藏书不易言矣。著录贵乎秘，秘籍不尽可珍。椠本贵乎宋，宋不尽可宝，要在乎审择之而已。夫所谓审择之者何也？宋元旧椠有关经史实学，而世鲜传本者，上也。书虽习见，或宋元刊本，或旧写本，或前贤手校本，可与今本考证异同者，次也。书不经见，而出于近时传写者，又其次也。而要以有裨学术治道者为之断，此金吾别择之旨不无少异于诸家者也……窃尝论之，藏书而不知读书，犹弗藏也；读书而不知研精覃思，随性分所近，成专门绝业，犹弗读也……然尊闻行知，含英咀实，广以观万，约以守一，视世之玩物丧志者，似有间矣。宋黄庭坚有言曰：夫大夫家子弟不可令读书种子断绝，有才气者出，便名世矣。丁顾有言曰：吾聚书多矣，必有好学者为吾子孙，是则金吾藏书之意也夫。"（《爱日精庐藏书志序》）可见，读书需要广收典籍，藏书大致是因读书治学之目的而建立起来的。与此同时，"公开使用藏书而阅读"的思想也得到了进一步发展。参与编纂《四库全书》子部书提要的进士周永年在《儒藏说》中指明"公开藏书"的两大好处:一是可便贫寒士子得到看书的机会。他说:"穷乡僻壤,寒门窭士,往往负超群之资,抱好古之心,欲购书而无从。"如果千里之内,有"儒藏"数处,让这些异敏之士前来看书,则"数年之内,可略窥古人之大全,其才之成也,岂不事半而功倍哉"。另一好处是公开藏书是保全书籍的重要途径。他说:"盖天下之物,未有私之而可以长据,公之而不能久存者。"如果能将私人藏书公开,那么"古人著述之可传者,自今永无散失,以与天下万世共读之"。

最后,以阅读小说为代表的通俗阅读开始风行。清朝初期,明朝"四大奇书"等早期作品的经典地位已基本确立,上至缙绅子弟,下至普通百姓,可谓无有不知者。小说流布之广,阅读风尚之盛,时人的著作中多有记载,虽毁誉不一,但归根结底,不过是从不同角度反映了中国古代小说史上空前的传播与创作高潮的到来。李渔曾云"今人喜读闲书,购新剧者,十人而九,名人诗集,问者聊聊"(《与徐公冶二札》),钱大昕则直说"古有儒释道三教,自明以来,又多一教,曰小说。小说演义之书,未尝自以为教也,而士大夫农夫商贾,无不习闻之,以至儿童妇女不识字者,亦皆闻而如见之,是其教较之儒释道而更广也"(《潜研堂文集》)。可见,小说阅读是明末清初以后最受欢迎的娱乐形式之一,甚至起到传播知识的功用。

清道光二十年(1840年),鸦片战争爆发,西方帝国主义势力入侵,中国历史由此进入了半封建半殖民地的社会。中国传统文化受到冲击,社会开始产生一系列或主动或被动的变革,这些变革也让阅读在这一时期呈现出新的样态。由于西方列强的侵略,国势日衰,维新派出于富强和育才之考虑,参酌中外之成例,建议开办大书藏(图书馆),并在学会中开办藏书楼。光绪二十二年(1896年)李端《请推广学校折》中有开设藏书楼之建议。光绪三十一年(1905年),清政府废科举,兴学堂,并把原府县学和书院藏书转至学堂,成为学校图书馆之来源。20世纪初,清政府学部筹划文化、教育等事项中,就有限定于清宣统二年(1910年)兴办国立京师图书馆和各省图书馆的事项,并公作《京师及各省图书馆通行章程》。南方地区的一些省份,如江苏、浙江、湖北、湖南等和北方的奉天等都建立和筹建了图书馆。大都市中的高等学校,如京师大学堂、南洋公学、北洋大学等也陆续建立了图书馆(室)。传统藏书楼逐渐向现代图书馆转换,大量藏书开始面向公众开放,"为民所用",这为民众"阅读以自强"提供了重要的支持。为了实现富国强兵的梦想,当时的民众在"师夷长技以制夷"等社会思潮的影响下,开始阅读西方书籍。当时的书籍空前丰富,阅读也异常活跃。书籍市场涌现出大量的西方思想文化学术名著,可见社会阅读需求的强烈程度。从阅读的形式上看,过去强调熟读成诵,而此时大多数人只是泛泛浏览。在经典阅读方面,展现了从艰深到浅显、从文言到白话、从原本到节本、从专集到选本的特征,呈现出大众化和通俗化的发展趋势。

第三节 西方阅读史概况

一、古希腊、古罗马时期的阅读状况

西方社会的阅读起源已久,人们最早的阅读对象可能是结绳、旗语、烽烟或是岩画,它们的功能大多是辅助记忆或是传递某种信号。尽管这一过程是借用预先规定的代码来传达某种已知意义,却并未构成真正的阅读形态。真正的阅读是以文字书写技术为前提的。在文字书写技术诞生之后,欧洲先民才开始其漫长的阅读旅程。

两河流域最古老的居民是苏美尔人,他们最大的文化成就之一就是创造了楔形文字。当时的苏美尔人把这种文字写在黏土板上,而后晒干,或入窑烧结。刻有文字的泥板叫作泥板文书。为了保存这些泥板文书,当时的人们建起了图书馆。但是,直到公元前7世纪左右,一所真正的"古代图书馆"才在两河流域出现,这便是位于亚述王国首都尼尼微的皇宫图书馆。

这所图书馆所藏的泥板文书都按不同的主题排列着,也刻有主题的标记。在收藏室的门旁和附近的墙壁上注有泥板文书的目录。对篇幅较大的泥板文书做了一些简单的叙述,有的还摘录书中的重要部分。它的丰富馆藏仅向奴隶主、国家官吏、神庙供职人员以及知识分子开放。这所图书馆对推进当时的学术发展起了很大作用。

古代希腊在艺术、文学、哲学、历史、数学及其他自然科学方面给人类留下了丰富的遗产。在这些遗产当中,有相当一部分是作为书写材料保存下来的。古代希腊的抄写材料主要是莎草纸。莎草纸是最便捷省力的书写材料,但价格昂贵有能力购买莎草纸书者多为图书馆和富有贵族。在希腊出现名副其实的图书馆是公元前4世纪。柏拉图于公元前387年前后在雅典创办了"柏拉图学园"。从这个"学园"的讲授情况来看,柏拉图拥有很大的私人图书馆,以供自己和学院的学生阅读。据说,他的学生亚里士多德购买了一部分他的图书遗产。亚里士多德的私人图书馆也是很有名的。据古希腊最著名的地理学家、历史学家斯特拉本回说,亚里士多德是希腊最早建立图书馆的人,也是教给埃及国王如何建立图书馆的人。亚里士多德死后,传说他的一大部分私人藏书都流向了著名的亚历山大图书馆。该馆始建于公元前308年,至托勒密二世时建成。托勒密历届王朝都十分重视收集图书,经常派专人到各地高价

收购图书,甚至为了搜集好书而采取较为专横的手段,如托勒密三世下过这样一条征用令:凡进入亚历山大港的船只,必须把船上的书籍统统"借给"亚历山大图书馆。该馆把这些书籍用廉价的纸草纸抄写完毕后,将抄写本退还而保留了原书。通过诸如此类的方法,它不仅收藏了希腊几乎全部的重要文献,还收有其他各国的学术作品。就这样,经过一百五十年搜访和建设,至鼎盛时期,该图书馆收藏的莎草纸图书达七十多万卷,几乎包括所有古希腊的著作和一部分东方典籍,吸引了各地的学者来此研究和学习。本来,希腊人不太愿意收藏外国的文献,尤其异教徒的书籍。但是,集聚到亚历山大的学者们都具有一种非常自由的学术风气,只要是学术作品,不管是哪一个国家的,他们都是争先恐后地去收购。因此,亚历山大图书馆成了希腊化时代的文献中心。除此之外,当时任何一个市民都有权利用希腊各个城市的图书馆。看来,此时希腊的图书馆开始公共化了。不过,图书馆的公共性仅限于贵族和平民,并不包括广大的奴隶。这种公共阅读以听文本为主,具有口语交际和娱乐的性质。作者在一个小团体内朗诵自己的作品,他们是作者、读者,也是表演者。听众们并不关注文本的内容,而更在意表演者本身,比如他们的声音外貌、气质如何,朗读是否充满激情等。

公开朗读之风在整个古罗马帝国也同样盛行,与古希腊的情况相似,朗读的娱乐性比获得知识更为重要,朗读者的演讲能力比作品内容更重要。在诵读会上,作家介绍自己的新作,观众要喊出声作为赞同,或是在朗读的间隙鼓掌。公元前 2 世纪之初,出现了阅读社团,社团成员见面时,聊琐事,吟小诗。罗马是整个帝国的书籍出版、销售和发行中心,书店在罗马是很受欢迎的地方。木制的书架上摆放着新出版的莎草纸书卷。书籍的价格不菲,市面上的书卷常常是破旧不堪的,只有元老院议员和富有的贵族才有财力购买质量上乘的版本。古罗马民主政治的发展使多数公民有机会参加需要读写能力的公共活动,多数贵族、为数不少的自由人和奴隶,每天都在读书写字。古罗马时期的图书馆也比较兴盛,但也随着古罗马帝国的灭亡而落寞,古希腊和古罗马的图书馆都受到了中世纪宗教势力的践踏。

二、中世纪时期的阅读状况

随着古代罗马帝国的消亡,全欧洲进入了封建专制时期。封建主义延续了前后近一千年。所谓中世纪的"黑暗",指的是教会的专横跋扈、封建主的野蛮统治和民众的愚昧无知。

这一时期的图书馆发生了新的变化。古代大型的图书馆消失不见,继而代之的是收藏基督教书籍的、规模极小的修道院图书馆。修道院图书馆反映出中世纪的学术文化的退步。在漫长的中世纪只有这么小小的文献中心,况且它的特点之一就是封锁性。中世纪后期,大学图书馆和大教堂图书馆出现了,修道院图书馆在17世纪以后就失去了其微小的历史作用,或快或慢地成为了历史博物馆。当然,修道院图书馆在历史上也起过一定的作用。它们不同于古代图书馆,很少受到政权更迭的影响,在较长时间内一直得以存在,因而能够把一部分人类的文化遗产,如一部分希腊罗马的经典作品,保存下来。此外,还需要指出的是,在中世纪,大学图书馆开始兴起。随着十字军的远征、城市的发展、商业的发达、个人自由的增长,欧洲人扩大了见识,对知识的需要也增加了。于是从12世纪开始,欧洲出现了中世纪的大学,大学图书馆也慢慢产生。早期的大学图书馆是从修道院图书馆直接派生出来的,因此在许多方面两者有相似之处。但有一点是有原则区别的,即修道院图书馆的重点在于保存图书,而大学图书馆则侧重于利用图书。大学图书馆是为培养和造就数以千计的学生服务的。这些学生毕业之后并不是隐退在修道院、毕生研究神学,而是走向广阔的世界,以他们所学的法律、哲学、医学等专门知识,去教育别人。如果说,修道院图书馆在长达一千年的时间里保存了知识,那么大学图书馆就是开始使用了知识,为文艺复兴的到来和为中世纪的结束开辟了道路。

三、文艺复兴时期的阅读状况

在14—15世纪的欧洲,由于商品经济的发展,资本主义生产关系逐渐在封建制度内部形成,新兴资产阶级的利益和要求在文化上也得到了反映。富裕的商人、工业家、银行家都属于这个阶级,大批杰出的诗人、作家、学者和艺术家都是这个阶级的知识分子。他们用科学来解释对自然界的认识和对人的认识;他们也要求艺术从封建的愚昧文化中解放出来。因此人们把这种新文化叫作"人文主义"。新兴的资产阶级利用和改造希腊罗马的古典意识形态,因为这种意识形态是在过去经济上最繁荣、政治上最民主的古代城市里创造出来的。因此,16世纪的历史学家认为,这一新兴文化是古代文学、艺术和知识的复兴,因而通称"文艺复兴"。尽管当时的人文主义还有严重的缺陷,但是文艺复兴的基本精神是不能否定的,它是一场真正的文化革命。文艺复兴作为一次资产阶级新文化运动,从表面上看,是在回溯古希腊罗马的文化,但其真实意义不在于复古而在于创造,不在于形式而在于内容。

随着文艺复兴的到来,阅读文化又开始向前发展了。当时,大批学者到处寻找古代希腊、罗马的古典。这时也出现了若干早期的公共图书馆。15世纪中叶,德国人谷登堡受中国活字印刷的启示,用铅、锡、锑的合金初步制成了活字版,用油墨印刷,随后这项技术在欧洲被广泛使用。活字印刷技术的发明和推广对人类文化的进程,尤其是图书馆事业和阅读事业,产生了极其深远的影响。

第一,活字印刷技术的广泛运用促进了大众阅读的形成。印刷革命所取得的最重大成果之一便是阅读公众的形成。活字印刷技术实现了书籍的批量复制,降低了书籍生产和复制的成本,同时还导致了书籍形制的变迁,书籍越来越小,越来越轻便。在活字印刷技术发明之前,书籍开本巨大,装饰极尽奢华,堪称艺术精品。这种精美抄本不仅复制成本高昂,使得有能力购买的读者十分有限,而且还不易携带,为读者阅读带来诸多不便。据统计,那时的欧洲仅有几千册手抄本书籍在流通。藏书的数量极少,而且即便是在梵蒂冈的图书馆里,也仅藏有不超过2 000册书籍。活字印刷技术发明后,这一状况很快得到改变,书籍不再是一般市民阶层消费不起的稀缺物和奢侈品,而是一种小巧并且廉价的商品,这就为读者接触和阅读书籍提供了便利。正因如此,书籍内容逐渐进入公有领域,知识开始从封闭的社会圈子走向开放,新思想的传播获得了更为自由的环境,阅读也开始普及和深入。书籍不再凭借其稀缺性彰显主人的财富地位,变成大众获取信息、知识和消遣的工具。在当时,拥有个人藏书的读者数量在不断膨胀,拥有阅读能力的个人数量也开始急剧增长,活字印刷技术发明后几十年间,欧洲已拥有250多个印刷中心,阅读在欧洲逐渐成了一项稀松平常的事情。整个社会已处于印刷文化的统治之下,即便是不识字的人,也可以通过识字者公开宣读印刷的告示而受到印刷文化的影响。

大众传媒的时代已经到来,随之到来的是文学的黄金时代。许多识字的人都沉浸在小说的阅读中,现代小说走向成熟。生活在这个时代的人们见证了巴洛克诗歌的发展、剧院的增加,以及某些不朽的欧洲文学名著的出版。此外,人们还通过阅读百科全书和其他专业手册来进行自我教育,了解周围的世界,获得在正规教育机构中无法获得的知识。报纸也开始走入大众的阅读视野。报道新闻的印刷品品种繁多,最流行的是提供地方、国内及欧洲新闻梗概的单页简报。它们多数针对大众读者,往往短小精悍、价格低廉。"畅销书"也在这一时期应运而生。随着18世纪大众阅读的发展,越来越多的印刷商开始关注普通民众的购书意愿,进而调整出版方向。畅销书由此诞生,并成为与学术、管理类书籍截然不同的门类。

第二,活字印刷技术的广泛运用促成大众阅读方式的变革。阅读方式开始变得更为灵活和多样,阅读习惯逐渐开始从精读转变到泛读。虽然人们并没有完全停止精读,但是泛读已经开始逐渐取代精读的绝对优势地位。在印刷术被广泛运用之前，普通大众能够拥有的或者能够接触到的印刷书籍的数量屈指可数，因此，大部分具备阅读能力的人选择精读，反复阅读手头上数量很少的书籍，把内容记下来或是背下来字斟句酌地思考和讨论。随着印刷术的普及，相对便宜的出版物大量供应，书籍成为普通市民阶层的日常消费品，这为人们采用新的阅读方式提供了物质基础。在这种情况下，掌握了阅读能力的公众开始广泛涉猎不同门类和体裁的书籍，越来越为世俗性的书籍所吸引。他们开始通过阅读寻找乐趣，不再像过去那样进行苦思冥想式的阅读，而是开始通过对不同书籍加以浅尝辄止的浏览，或是达成寻求信息和知识的实用性目的，或是达成放松心情、得到刺激的娱乐性目的。由此可见，印刷术的普及为人们提供了更多可供选择的出版物，进而为人们创造了这种可以随时改变自己阅读习惯的机会。这种从精读到泛读的转变也引发了一部分学者的担心，他们认为精读具有虔敬性和反思性的特征，它可以加强阅读的细致性，且更容易为读者带来有深度的阅读体验和阅读思考。但是，泛读则意味着过多的选择，而过多的选择会对书籍本身是否拥有值得信任的真正权威性提出质疑。对于一部分易受影响的公众，尤其是对于那些沉迷于新奇事物的公众来说，这种不受约束的和难以控制的阅读方式将可能带来某些无法预测的潜在干扰性影响。因此，这些学者借用古罗马哲学家塞涅卡的劝告来警示读者尽量多进行精读而避免泛读："千万不要因为阅读众多作者的不同著作而偏离正道和变得摇摆不定。""如果你想得到那些能够牢固地确立于你的思想之中的观点，那么你就必须把阅读对象局限于有限的几位大思想家，并去精读他们的作品。"

　　第三，活字印刷技术的广泛运用推动了社会变革的进程。从宗教改革开始，直到启蒙时期，印刷术同宗教、文化领域的变动之间一直存在着密切的关联，这种新技术促进了新思想的传播，加快了人们的政治觉醒。印刷术使得改革思想以更快的速度在更大的范围内传播开来，其波及范围超出了马丁·路德等杰出领袖直接领导之下的少数地区。在宗教改革之后的岁月里，阅读和读写能力被人们视为进步文化和科学发展、民主和政治解放的同义词。甚至连那些决心抵制进步思想之影响的人，也认识到了读写能力的普及所释放出的强大社会力量。启蒙运动时期，法国思想家 D. 狄德罗出版了《百科全书》，孟德斯鸠出版了《论法的精神》，卢梭出版了有关新教育观的《爱弥尔》和政论小册子《社会契约论》，伏尔泰写出了《老实人》，此外英、德等国的大卫·休谟、约翰·洛克、亚当·斯密、康德也出版了一大批著作，正是印刷术使这些理性思想传遍欧洲，挑战既有权威，一个有文化的公民群体壮大起来。人们对知识的渴求刺激了新书的创作和发行，反过来也伸张了国民识字的理念和获取知识的权利。

第四，活字印刷技术的广泛运用推动了出版事业的形成和发展。印刷事业的发展把图书管理和图书出版截然分开了。在活字印刷出现之前，图书的管理和生产一直是合一的，图书馆不仅是收藏图书的地方，也是"制造"图书的场所，许多图书馆都设有抄写室，自己抄写书籍。活字印刷产生和普及之后，这两种工作开始分离，于是形成了两种专门的行业：图书出版事业和图书馆事业。印刷业和书商开始出现，他们为了让读者了解出了何种新书，陆续推出了通知单或新书广告，随后又逐渐出现了新书目录和出版目录。行业的专门化，为阅读提供了更多的方便条件。

第五，活字印刷技术的广泛运用促进图书馆事业的进一步发展。印刷事业发展的同时也使图书馆的藏书以空前的速度增加，图书馆的馆藏大大丰富，开始出现数万以至数十万藏书的大型图书馆。其他类型的图书馆，如儿童图书馆、专业图书馆，也开始迅猛发展，读者的数量开始大幅增加。同时，馆藏数量的激增引发图书馆管理方式的变革，图书的著录要求科学化标准化。各种不同类型的目录的编制也提上日程。不同类型的图书馆的协作分工问题也开始产生。研究如何管理和利用图书，促成了一门新学科——图书馆学——的产生。随之而来的是一批批掌握了图书馆知识的专业图书馆员。

文艺复兴时期的图书馆也呈现出新的特色：第一，文艺复兴运动促进了图书馆事业繁荣发展。复兴古代文化的热忱推动大量人文主义者去从事大规模的、有计划的搜书和抄书工作，从而丰富了图书馆的馆藏。反过来，图书馆事业的发展又推进了文艺复兴运动。第二，私人图书馆大量出现，后来成为国家图书馆或公共图书馆的基础。从这一意义来说，14—15世纪的图书馆是近代图书馆的胚胎。第三，图书馆馆藏结构发生了很大的变化，古代经典和世俗作品大量增加，甚至梵蒂冈图书馆也没能例外。第四，馆藏册数增多，但增加量有限。因此在图书管理方面依然延续中世纪的方式。第五，许多人文主义者主张"开放"图书馆。某些私人图书馆也逐渐向"公众开放"。但这绝不是现代意义的公共图书馆。当时的知识分子还是按照古代罗马时代的想法，把图书馆看成交流思想的场所、寻求美的享受的场所。图书馆的使用者还局限于知识分子，但图书馆从单纯地"保存书籍"向有效地"利用书籍"迈出了一步。

在这一时期，有两位学者对阅读的进步和图书馆的发展做出了突出的贡献，一位是法国马萨林图书馆馆长诺代，一位是德国哲学家、数学家莱布尼茨。诺代是一位饱学之士，他于1627年出版了《关于图书馆建设的意见》一书，这本书集中探讨了图书馆的目的、规模和质量、馆藏的管理以及馆舍的结构等问题。其中一些论点迄今仍富于启示：首先，他指出图书馆不应该专为特权阶级服务;其次,他认为图书馆不应该仅限于收藏古代文献著作,更应该大力搜集最新的学术论著;再次,他指出图书馆馆藏不应当有倾向性和排他性,应该一视同仁,同时,图书馆必须向一切研究人员开放,以供他们学习和阅读;最后,他要求图书馆从业者应该科学地、系统地组织和管理藏书,以保证馆藏的有序性。诺代所提出的上述理论为图书馆学的诞生奠定了基础,同时,也为其后继者莱布尼茨提供了诸多启发。莱布尼茨认为:图书馆应该对高质量的图书兼收并蓄,无论是哪一民族、哪一时代的著作,只要内容对人类社会进步有过贡献、对后人有可取之处,都应当收集。换言之,图书馆应该是所有时代、所有民族的伟大人物向后人讲述他们的杰出思想和经验的场所,是人类全部杰出思想的宝库。为了能够最大限度地发挥图书馆的价值,莱布尼茨认为图书馆的重要义务便是"想方设法让读者利用馆藏",并进而提出了诸多方便读者阅读的建议,如:建设高质量的馆藏,并及时而全面地采购、补充质量上乘的新书;为读者编制完备的藏书目录和主题索引,确保每一个读者都能够迅速准确而简便易行地检索他所需要的全部文献;保证图书馆内具有较为良好的阅读环境和阅读设备,尽量延长开馆时间,不要给图书出借规定太多的限制等。他的这些理论迄今仍具有一定的现实意义。

四、工业革命时期的阅读状况

工业革命引发了一系列社会变化,这些社会变化让阅读行为变得更为普遍。以蒸汽机为代表的大型机器的出现为工业提供了动力,为社会创造了空前的财富,也改变了生产方式和社会基本结构。大量农村人口骤然涌入新兴的中小型工业城市,造成城市人口的激增,大都市也因此而出现。社会上出现了日益扩大的中产阶层和数量庞大的工人阶级及其他贫穷阶层。中产阶层的成员大多具有较高的教育水平和较充裕的闲暇时间,同时也具有较强的阅读需求。工人阶级的成员由于要适应机器生产的要求和节奏,因而也需要具备基本的识字和阅读能力,以便于他们学习知识和掌握更加复杂的生产技能。这样看来,社会需要更多教育程度更高、更有文化的劳动力,人们对知识和教育的渴求也日益强烈。这种渴求刺激了公共教育和文化事业的发展。大众教育由此兴起,大众阅读也得到了更大规模的普及和保障。为了进一步满足公众的阅读需求,公共图书馆应运而生。

19世纪下半叶,在英美两国几乎同时出现了"公共图书馆",这成为现代意义的图书馆走向成熟的最重要的标志。公共图书馆的出现真正使阅读在欧洲实现了从少数权贵的特权向普通公民权利的蜕变。其具有以下特征:①开放性,向所有居民免费开放;②一定的经费保证,经费来源是地方行政机构的税收;③由法律规定的相对稳定性,公共图书馆的设立和经营必须有法律依据。

1850年,英国议会通过了英国第一部公共图书馆法。促成此事的主要人物是被称为"英国公共图书馆之父"的爱德华兹和英国下议院议员尤尔特等人。自公共图书馆法颁布之后,直到19世纪的最后25年,公共图书馆的发展才一改缓慢进程,开始加快步伐,出现运动高潮。究其原因,主要是英国在1870年通过了初等教育法,在1876年开始实行义务教育,阅读人数大为增加的缘故。

相较于英国,美国的公共图书馆事业发展较快,这有赖于教育的普及。在美国,公共图书馆被人们看成一种教育机构,美国哲学家、教育家杜威坚决主张,除了免费的学校之外,还应当有免费的图书馆;除了学校的教师之外,还应当有另一种教师图书馆员;图书馆应当成为像邮局一样可亲近的机关。正规学校的毕业生应当享受在图书馆继续学习的机会,以便不断增补他们的知识。因此公共图书馆也被称作"民众的大学"。美国的公共图书馆有许多特点。它们都想方设法为市民服务,尽可能地采取便当的方式,最大限度地向他们提供所需的图书资料。馆员的业务水平是比较高的。晚间和星期日,一般都开馆。大部分是采取开架阅览的方式。重视参考咨询工作也是美国公共图书馆的特点之一。读者提出的各种各样的问题,图书馆员都乐于解答,例如从查询各银行的利息等日常生活中的简单的问题,到专门的学术性问题,都在图书馆参考咨询部的职责范围之内。读者甚至可以用电话进行咨询。公共图书馆一般都设有讲演厅、展览厅,电影放映室,并出借唱片、磁带等等。没有儿童图书馆的地方,一般都设有儿童阅览室。另外,美国图书馆较早地注意到对残疾人的服务工作。还应当指出,美国的公共图书馆,尤其是较大的公共图书馆,不仅为一般读者服务,还为科研人员服务。这些公共图书馆兼有民众图书馆和学术专门图书馆两种机能。

公共图书馆的产生具有重要的历史意义,首先,它促进了资本主义的发展,使资产阶级获得了更大的利益,因为掌握一定知识和技术的工人和民众的存在是资本主义生产继续发展的必要条件。到了19世纪中叶,资产阶级中较有远见的分子已经开始考虑义务教育,成人教育、社会教育等问题。公共图书馆的设立是符合资产阶级利益的。同时,资产阶级把公共图书馆的建立看成一种所谓"社会政策",即妄图利用公共图书馆这一手段来达到缓和阶级矛盾的目的。在资产阶级看来,受过良好教育的城市居民逐渐奠定了社会生活的基本模式,而大批背井离乡的下层人民则威胁着社会的稳定。为了"平息"民众的不满,为了"同化"潜在的危险人群,资产阶级及其政治家通过建设公共图书馆,来实现一种"文明的镇压"。其次,它也为工人阶级的解放和发展提供了客观条件,工人阶级可以利用资产阶级社会的各种制度和措施,如议会讲坛、结社自由、言论自由等等,来促进自身的解放事业。同样,工人阶级也可以利用公共图书馆、义务教育等一系列文化措施,来提高自己的知识水平。公共图书馆是现代社会民主民权、平等、公正和公民社会的象征,也是社会民主、社会平等、公民权利等现代人文意识成熟的结果。

五、二战以后的阅读状况

第二次世界大战以后,图书馆事业和公众阅读事业发生了巨大的变化。随着人们生产活动范围的不断扩大与深化,以及信息科学技术日新月异地发展,出版物的数量剧烈增长,出版物的形式也开始变得多样。人们可以通过幻灯片、录音带、录像带、缩微胶片、磁盘等不同类型的载体进行阅读。互联网通信技术高速发展后,世界进入数字化时代,传统的阅读媒介和阅读渠道已不能满足当代读者多样化、个性化的阅读需求,而借助于智能手机、平板电脑、电子书阅读器等数字设备进行的数字阅读呈现蓬勃的发展态势,并逐渐成为当代最为主流的阅读形态。

虽然数字设备在不断地推陈出新,数字阅读也收获了大批的读者,但是,这种高度个性化和智能化的阅读方式依然引发了学术界的担忧。《浅薄:你是互联网的奴隶还是主宰者》一书的作者尼古拉斯·卡尔认为,互联网改变了人类大脑的运转方式,在信息社会,人们的思维是浅薄的、碎片化的,互联网的"信息过载"正吞噬着人们的注意力,各种刺激不断地让人们分神,人们逐渐失去了专注和沉思的能力。《阅读的力量》的作者弗兰克·富里迪也表示,很多专家都表现出同样的担心,他们认为,21世纪的阅读所面临的核心困扰主要是互联网,因为它使人们患上"分心综合征"而"无力阅读"——无法将自己的注意力集中到书面文本之上。那些被称为"数字原生代"的年轻人甚至都不可能费心读完一本书。著有《阅读的历史》一书的新西兰学者史蒂文·罗杰·费希尔指出,互联网中浩如烟海的信息会让那些尚不成熟的、没有理性筛选和判断能力的读者被噪声所困,迷失方向。持类似观点的还有《焚毁书籍:电子书革命和阅读的未来》的作者贾森·默克斯基,他阐明数字设备正在缩短人们的注意力周期。人们在进行阅读和沉思的时候需要全神贯注,但高度媒介化的环境却让他们时时都有分心之虞。人们在阅读和思考的过程中所产生的浅尝辄止、心不在焉的问题正是数字文化过度消费所引起的阅读危机。尽管有如此多的担忧,但是无法否认的是,数字书籍的不断革新的确为人们的阅读生活带来了很多正面的影响,阅读的未来仍要在互联网高度发展的基础上,去实现有利于人类全面发展的更多的可能性。

从古代到现代,无数的变革造就了阅读史。阅读不再是少数贵族精英确证权力和社会交际的方式,转而成为一项全民化的基本能力,成为普通大众工作生活、获取知识、休闲娱乐的基本途径。

第四节 中外社会阅读活动形式

联合国教科文组织的全称是联合国教育、科学和文化组织(United Nations Educational,Scientific and Cultural Organization,UNESCO),是联合国的一个专门机构,总部设在巴黎。联合国教科文组织的使命是通过教育、科学、文化、沟通与信息传播,促进和平建设、消除贫困、可持续发展和文化间的对话。在它的几个工作目标中,排在首位的是"实现高质量的全民教育和终身学习"。由于阅读是教育过程中不可或缺的手段,因此,联合国教科文组织成为全民阅读促进的全球性机构。它自诞生伊始,就致力于推动全民阅读。

1970年,联合国教科文组织第16届大会通过了一项决议:将1972年定为"国际图书年"(International Book Year),主题为"人人享有图书"(Books for all!),同时,在这一总主题下设置了四个分主题:①鼓励作者支持翻译其作品,并适当兼顾版权;②创作并积极传播,包括支持图书馆事业的发展;③推广阅读;④对教学用书达成国际谅解与友好合作。目的是促进图书的全球交流,帮助发展中国家解决阅读资源严重匮乏的问题。1982年7月,联合国教科文组织在世界图书大会上正式提出"阅读社会"的建设倡议,得到各国的积极响应。1995年10月25日至11月16日在巴黎召开的联合国教科文组织第二十八次大会通过决议,正式确定每年4月23日为"世界读书日"。"世界读书日"的由来与一个美丽的传说有关,4月23日是西班牙加泰罗尼亚地区大众节日"圣乔治节"。传说中勇士乔治屠龙救出公主,并获得了公主回赠的礼物——一本书,这本书象征着知识与力量。每到这一天,加泰罗尼亚的妇女们就给丈夫或男朋友赠送一本书,男人们则会回赠一枝玫瑰花,于是逐步形成了"英雄爱美,美人赠书"的社会风俗,并逐步影响整个西班牙和部分欧洲国家。无独有偶,这天又是西班牙文豪塞万提斯、伟大的英国戏剧家莎士比亚以及秘鲁文学家加尔西拉索逝世纪念日,也是美国作家纳博科夫、法国作家莫里斯·德鲁昂、冰岛诺贝尔文学奖得主拉克斯内斯等多位文学家的生日。"世界读书日"的主旨宣言是:"希望散居在全球各地的人们,无论是年老还是年轻,无论你是贫穷还是富有,无论你是患病还是健康,都能享受阅读的乐趣,都能尊重和感谢为人类文明做出巨大贡献的文学、文化、科学思想大师们,都能保护知识产权。"

也就是说,"世界读书日"的基本宗旨和目的在于唤起世界关注阅读、出版及知识产权的发展,让各国政府与公众更加重视书籍中传播知识、表达观念、交流信息的价值。自"世界读书日"设立后,每年在 4 月 23 日这一天,世界各个国家及地区的出版社、图书馆和其他非营利组织,以及文化人、爱书者都积极组织、举办、参与形式各异的图书宣传活动,以唤起世人阅读的兴趣及对著作权的重视。组织广泛性的社会阅读活动已成为各国文化生活的普遍现象,总体来看,这些社会阅读活动主要包括以下几种形式。

一、讲座活动

开设讲座活动是促进全民阅读的一种最常见且有效的方式。一般而言,阅读促进活动都需要根据读者需求策划设计形式、主题和内容,而讲座一般有相对固定的形态,只需按需求确定主题、寻找合适的主讲人即可,故而成为阅读推广的重要形式。而且讲座可以针对不同的受众需求确定不同的主题,形成系列讲座。除此之外,讲座以本身的内容和形式的完美结合对阅读这一学习知识的方式做了最佳的诠释,它以多维方式将文本阅读、个体阅读、群体阅读、课堂阅读等相结合,以直观方式为读者提供知识获取渠道,同时也把单纯的阅读加以选择、浓缩与精炼,让无声阅读变得可听、可感,使信息的获得途径更高效、更丰富、更有趣,极大地发挥了知识的动态传播效果,是有效的知识获取方式。从某种意义上来说,讲座活动已渐渐成为文本阅读之外最佳的阅读方式。

讲座活动在我国古代便已经出现,春秋战国时期的"百家争鸣"就是最具有代表性的例子之一,其中以孔子的杏坛讲学最为有名。之后,宋、明诸子书院讲学活动,以及蔡元培先生在北大图书馆定期邀请社会知名人士讲座等,都丰富了讲座的内容和形式。在今天,讲座活动作为推广阅读的方式依然存在,并流行开来。由大英图书馆举办的潘尼兹讲座相当知名。该讲座始于 1984 年,在每年的 11 月或 12 月举行,聘请学者做与大英图书馆典藏资料有关的一系列演讲,演讲内容质量很高,并于次年以专集出版。由中国国家图书馆举办的"国图讲座"也备受欢迎。该讲座始于 20 世纪 50 年代,曾启迪众多青年学子走上学术文化的研究之路。它以宏富的馆藏文献为基础,聘请海内外著名专家学者莅馆开讲,深入浅出地讲授其所擅长的学问菁华和研究成果。至今,已经形成"艺术家讲坛""教育家讲坛""文津讲坛""国图讲坛""科学家讲坛""国家典籍博物馆系列讲座""文津读书沙龙""中国典籍与文化系列讲座"等品牌系列,深受读者的欢迎和喜爱。

举办一场讲座,需要精心策划。而精心策划的关键点主要在于以下两个方面:一是以用户需求为导向,以讲座内容为核心。讲座策划者需要综合考虑社会热点、读者阅读需求及主讲人擅长的学术领域,尽量从目标受众的知识面以及兴趣点出发进行策划,确保内容上能够吸引读者。二是善用资源,重视宣传。讲座策划者要善于利用能够接触到的一切优势资源和力量,既要保证讲座的高质量呈现,也要确保受众的积极参与。除此之外,每场讲座不仅要有前期的策划和准备,后期的完善工作也十分重要。为更好地发挥讲座效果,图书馆可以和每位主讲人保持后续联系,对其演讲内容进行文字、视频的整理、保存,利用多方媒体进行后续宣传。而对前来听讲座的读者,可以从受众的角度进行跟踪服务和采访,以挖掘讲座所起到的教育效应。总体而言,随着阅读进入休闲时代、读图时代和读网时代,讲座活动能够吸引、带动更多的人去阅读书籍、进行思考和交流。

二、晒书会活动

晒书(又称曝书)是中国传统习俗中的重要组成部分,是中国藏书史上具有重要意义的文化活动。在我国古代,为了防止书籍滋生害虫和霉菌,使其保持干爽,人们总是要把书籍拿出来,置于干燥且阴凉通风的环境中晾晒,这种降低书籍湿度的物理方法,效果显著,简单易行,因而得到广泛推行,并逐渐形成了六月初六的晒书传统。后来,随着时间的推移,晒书又有了不同的含义。"晒"为英语单词"share"的音译,意为"分享",即将个人的图书、学说和思想,通过"晒"这种形式,与他人交流与分享,是展示才学、交流文化的一种方式。

晒书会在国外很普及,举办形式多样。在美国,很多图书馆定期为被剔除的图书举办晒书会。如芝加哥大学图书馆会定期整理出一批馆藏书籍,放在图书馆大门外的两台书车上,供学生自由取阅。这一方式无须经过图书馆登记借阅的过程,方便了部分有需求、爱好阅读的读者,同时也提高了图书的使用率。一些图书馆组织的晒书会,会邀请藏书家提供珍藏图书参与展示,或组织专家对古籍版本进行鉴定。读者参与这样的晒书活动能够开阔视野,见识到名家珍贵藏书,为自己以后藏书、选书提供借鉴。在我国,不少地区举办的文化活动中也有晒书会。这样的晒书会一般历时两至三天,同时搭配其他多样的阅读活动。如"苏州阅读节"的晒书会活动就伴有特价书市、二手跳蚤市场、创意文化用品集市等活动。晒书过程中的互相交流,也能引导读者形成正确的阅读方向,有助于提高其鉴赏水平,并让读者体会到更多的阅读之乐。晒书会不仅协调了图书馆与读者的关系,也为两者建立了良好有效的交流机制,打破了图书馆服务的封闭性,实现了资源共享、互利互惠。晒书会的目的是鼓励大家把自己喜欢的书籍拿出来,晒一晒书中的精华,晒一晒我们对书的理解与思考，通过知识分享的形式，彼此推荐喜爱的图书，互相交换观点。

三、读书会

《图书馆阅读推广基础工作》一书指出，"读"是指阅读行为，"书"是阅读对象，但并不局限于实体书，"会"指一群人聚在一起。那么，对"读书会"字面意思进行剖析，读书会即是对阅读的读物进行分享和交流的团体。读书会，英文名称对应为 Reading Group、Book Group、Book Club、Reading Club 等。在不同时期，中文也有不同的称呼，比如20世纪初期，很多读书会采用读书劝导会、读书互助团、读书竞进会等的提法，今天则多以读书会、读书沙龙、读书俱乐部等命名。读书会，是一种阅读的延伸活动，它是基于读书的一个求知共同体。在其中，热爱阅读的人可以相互交流想法心得，分享读书收获，相互促进阅读，拓宽视野，更加便捷地获取书籍。因此，它可以有效地激发人们的阅读兴趣，培养阅读习惯，提升阅读能力，丰富阅读体验，推动全民阅读风气。读书会并不是今天才出现的，它是伴随着人们阅读交流行为的产生而产生。中国一直有以文会友的传统。在西方，伴随着启蒙运动的发展，受教育民众规模扩大，出版物生产量增加，读书会得以快速发展起来，并开始发挥作用。

读书会是一种非正式的、相对松散的社会组织形式，它有不同的类型和模式。按人群分类，可将读书会分为儿童读书会、青年读书会、女性读书会、学生读书会、教师读书会、老年读书会等。按组成方式分类，可将读书会分为社区读书会、族群读书会、主题读书会和书目读书会等。按主题分类，可将读书会分为文学阅读、经济管理、社科人文、艺术、童书等。按读书会的传播方式分类，可将读书会分为面对面读书会（线下读书会）、网络读书会（线上读书会）和电视读书会三种类型。按读书会举办频率分类，可将读书会分为定期读书会和不定期读书会。读书会以读者为主，其活动模式可以由组织者提请会员们进行讨论，也可以由会员们自行策划，讨论出方案。讨论的主题要有吸引力，通常是根据某一图书的内容来形成主题，如名著、热点小说或其他书籍，有时也不直接围绕书本进行，而是针对某一社会问题开展讨论。基于必须得有趣味和有收获，读书会的活动模式可以丰富多元，相对固定，有利于长期坚持。读书会的核心特点主要包括以下四个方面：一是自发性，二是以阅读交流为主，三是小团体（一般以5至15人为宜，过多则影响讨论和互动的效果），四是以成员互益为主。

大量通俗读物使得浅阅读现象越来越明显，因此，开展全民阅读不仅要让更多的人养成阅读习惯，更重要的是提升人们阅读的效果和深度。由于读书会一般设有组织者或主持人，因此可以将读者的阅读引入良性的状态，使读者之间交流思想、讨论观点，从而互相影响，互相促进，可以说，读书会是提升全民阅读深度的有效手段。

四、图书漂流活动

图书漂流活动源于20世纪60年代的欧洲，该活动是指书友将自己拥有却不再阅读的书籍贴上特定的标签后，投放到如公园的长凳、咖啡馆座位、图书馆走廊、地铁站座位等公共场所，无偿地提供给拾取到的人阅读。拾取的人阅读之后，到相应的图书漂流网站上撰写获取日志、趣闻或阅读笔记，然后根据标签提示，再以相同的方式将该书投放到公共环境中去。相较于图书馆，它没有借书证，无须付押金，也没有借阅期限，是一种相对自由的、具有神秘和浪漫色彩的书籍传播方式。

从漂流活动举办的持续时间来看，图书漂流活动可分为三种形式：长期漂流、定期漂流和不定期漂流。长期漂流指的是专门辟出地点或书架，长期开设图书漂流站供读者漂流图书。定期漂流指的是在每年的世界读书日或是其他特殊的日子，协会、出版社、图书馆等机构开展图书漂流活动。不定期漂流指一次性的或者临时性的图书漂流活动。从各地图书漂流活动效果来看，长期漂流效果最好。从漂流活动举办的方式来看，图书漂流活动还可以分为线上漂流和线下漂流。最具有代表性的线上图书漂流活动是在由罗恩·霍恩贝克（Ron Hornbaker）于2001年创设的图书漂流网站（www.bookcrossing.com）上进行的，借助于互联网，这一活动开始在全球范围内盛行。

线下图书漂流活动中最具有代表性的就是2016年由英国女演员艾玛·沃特森联合Books On The Underground发起的"地铁藏书活动"，她把书籍藏在了伦敦地铁里，还在书中附上亲自手写的纸条，让大家像玩游戏般自己去寻找，目的就是激起大家的读书欲望，希望大家利用通勤的时间读会儿书，带动了一波读书热潮。

五、共读活动

共读是指人们共同阅读一本书。共读已经成为很多国家推广国民阅读的形式之一。1998年，美国西雅图公共图书馆发起了一项名为"如果所有的西雅图人都读同一本书"的活动，旨在通过阅读和交流提高公众对文学的热爱。读者在西雅图公共图书馆或当地许多书店都可以免费拿到活动指南。图书馆还会邀请图书作者前来与读者进行交流，到访之前，会购置大量的复本，以便读者获取阅读。目前，该活动已更名为西雅图阅读，后来发展成为全美的"一城一书"活动（One City, One Book）。这个活动得到了很多人的支持，因为当全城的居民都来阅读同一本书时,这意味着一个共同的讨论话题将由此诞生。以书会友,这将有利于社区居民之间的交流,并且增进社区居民的归属感。活动成功的关键在于书籍的选择,它要能够激起大多数人的阅读兴趣,并有讨论空间。此外,美国大学也开展共同阅读活动,参与的大学每年选出一本书,学生在暑期阅读该书,秋季围绕该书开展一系列讲座、讨论等主题活动。

除了全民、全校及全社区的共读外,还有一种形式是亲子共读。亲子共读是图书馆家庭阅读推广的重要内容,它与儿童阅读不同,在亲子共读中,家长是经营者,通过营造气氛和设计亲子活动,对促进亲子感情、培养阅读意识、教导社会化行为、传承经验与交流、培养独立思考能力等均起到了重要作用。亲子共读的特点是,第一,亲子共读为计划性阅读,父母须考虑孩子的具体情况,如阅读能力,识字能力等,探索孩子阅读兴趣并了解出版信息,选择适合读物。在环境创设、氛围营造等方面,都须用心规划,以协助孩子阅读与思考。第二,亲子共读是互动式阅读,父母须与孩子一起讨论,鼓励他提出问题,表达想法,交换心得。第三,亲子共读是深度阅读,父母与孩子共同阅读的过程,可培养孩子的思考能力、表达能力、发问与倾听的能力等。全球很多地方都组织过亲子共读活动。例如,德国阅读促进基金会推出了"爸爸给我读书"的项目。该项目主要是面向那些有工作的父亲,德国促进阅读基金会将精选的阅读指导资料和故事材料制作成电子文件的形式后免费分发给各支持参与机构,父亲们在公司和各机构的网站上下载文件,然后就可以利用晚上或者周末时间给孩子讲故事。这些故事每周都会更新,题材广泛且会根据不同年龄、不同性别进行分类,充分节约了家长为寻找故事而花费的时间。这项活动不仅激发了儿童的阅读兴趣,也开发了父亲的阅读兴趣,更重要的是它促进了家庭和谐,父亲与孩子之间拥有越来越多的共同经历,话题也明显增多。

第三章　阅读与阅读文化

第一节　阅读的定义

阅读是人类所特有的、带有普遍性意义的一种社会思想交流活动,是人类汲取知识进而认识世界和改造世界的重要手段和关键途径。阿尔维托·曼古埃尔在其著作《阅读史》中写道:"阅读,几乎就如同呼吸一般,是我们的基本功能。"他认为,世界上的每个人都阅读着自己和周遭的实物,阅读的对象包括星空、大地、万物、音符、手势、表情等等,甚至可以说是自然和人类社会的一切。然而,自然和人类社会这两类"无字书"(或"活书"),仅仅是比喻意义上的"读物",它们并不是真正意义上的阅读对象。真正意义上的阅读对象应该是一种精神产品,比如,书本、报纸、杂志等这种精神产品。它既不同于自然事物和自然现象那种"自然客体",也不同于社会存在和社会关系那种"社会客体",而是一种"可供传播精神的外化物"。这样的界定就避免了"阅读泛化"的问题。

既然阅读的对象指向了一种精神产品,那么,阅读到底是什么?该如何定义呢?

在《说文解字》中,"阅"的解释是"具数于门中也",即将家庭功名尽数记载于大门的门板,以便浏览。后引申为阅览,亦有查看、经历、观赏等意。"读"的解释是"诵书也",即朗诵诗书经文,照着文字念出声。后引申为观看、上学等意。后世把"阅"和"读"加以结合,如宋代曾巩在《徐禧给事中制》一文中说:"惟精敏不懈,可以周阅读;惟忠实不挠,可以司论驳。"

对于"何谓阅读",目前学术界还没有一个大家都能认可的定论,但比较有代表性的定义有以下几种:

《汉语大辞典》中对"阅读"的解释是:"看(书、报、文件等),并领会其内容。"

《中国大百科全书》中的"阅读心理"条目记载:阅读是一种"从书面语言中获得意义的心理过程","也是一种基本的智力技能",它是由一系列的过程和行为构成的总和。

胡继武在《现代阅读学》一书中指出:"阅读是从信息符号中获取意义的

一种复杂的智力活动。"

曾祥芹、韩雪屏在《阅读学原理》一书中指出："一般地说,阅读是读者从写的或印刷的书面材料中提取意义或情感信息的过程。"

杨治良在《简明心理学辞典》一书中指出："阅读指个体从印刷文字、图画、图解、图表等书面材料,获取信息或意义的过程。个体在阅读时,通过把文字等符号的视觉信息与头脑中已有的知识经验不断进行比较、预测、判断、推理和整合,从而理解文字等符号所表达的意义。"

虽然上述学者给"阅读"所下的定义不尽相同,但是可以看出,阅读行为本身所包含的几个关键性要素:一是阅读的基本对象是文本(书面文字),阅读是从文本中提取和获得意义与内涵的过程。阅读不仅仅是辨认单字,而是理解书面文字所蕴含的意义信息或情感信息。或者说,整个阅读过程就是剖析文中词句来理解作者意图的行为。二是阅读是以视觉感知作为活动的主要形式,也就是说,阅读的基本途径是看和读。若想通过阅读从书面文本中获取意义,必须借助视觉感官,通过扫视和注视来实现。阅读属于知识性的视觉感知,它与一般技能性的知识接受是不同的。学习体育技巧、乐器演奏、绘画、书法、打字等等,这些都属于技能性学习,它们主要靠肌肉感受器来接受信息,并通过相应的本位感觉通道而传向大脑。阅读则是以视觉为途径来实现从文本中获取意义和内涵的目的。三是阅读的中心是解释和理解。读者需要积极主动地认识解读文本,从而获得感知、体验、知识等。阅读作为一种个体的行为和活动,主要体现为一个心智活动的过程,具有过程的心智性。因为阅读心智活动的工作机能主要是思维,所以我们也可以称这种属性为阅读过程的思维性。也就是说,阅读是一种认知加工的思维活动和智力活动。真正完成一个有效的阅读,必须依靠全部的心智活动和情感意向活动才能实现。

第二节　阅读的本质特征

本质特征是一个事物所特有的现象,是它区别于其他事物的基础标志。从阅读的本质特征来看,阅读是一种通过书面文本获得意义的社会交流行为。它开拓了人际交往的新天地,让知识、智慧、情感等人类珍贵价值的历时性共享成为可能。

阅读是一种人类所特有的社会交际方式,因而它具有行为的社会性。正是在这个意义上,曾祥芹在《阅读学新论》中直接阐明："阅读是缘文会友的交往过程。"随后他进一步解释道："阅读其实是读者缘文会友的一种特殊对话,说它特殊,就在于所用媒介不是通常的有声语言,而是与其密切相关的另一有形符号系统。这等于使交往行为丧失了现场性,却因此得到了对时空局限的超越。"可见,阅读这种特殊的社会交际活动发生在作者和读者之间,但是这种交际是以书面文本作为中介的。

书面文本是一种物化的精神产品,其存在的目的就是长期保存和广泛传播人类通过文字符号所记录的内容。精神产品在物化之前根本不可能进行社会的生产和广泛的利用,因为它仅仅是存在于个人的头脑中的观念,一般只限于自产自用,或对其他相差距离不大、相隔时间很短的人进行口头传播,以资分享和利用。只有当精神产品开始被物化后,开始被呈现于物质载体之上,精神产品才得以脱离人脑,使精神内容的复制和广泛传播成为可能,人类的文明才能够得以代代继承。可想而知,如果没有承载精神内容的文本和促成文本交流的阅读,人们之间的信息传递和知识交流就会因时间和空间的局限以及世代更替而受到影响,人类思想、技艺、知识的传播就只能陷入工匠式的简单重复的困境中,人类的社会文明几乎不能向前发展和不断进步。

但是,文本作为读者与作者之间交流的中介,具有一定的局限性,这种局限性主要体现在"书不尽言,言不尽意"(《周易·系辞上》)上。不同于原本的"心对心"的即时性直接交流,借助于文本的交流是一种以"心—物—心"为基本结构的历时性间接交流,在这种交流模式中,人与人之间思想的碰撞、心灵的沟通,并不是直接的,而是隔了一道"屏障"。为了达到最好的交流效果,人们既要按照"屏障"的规定调整行动,如作者需要掌握标准化的语言文字符号技能,以期实现精确的表达,防止思想失真、失准,又要避免被"屏障"阻隔,无法抵达作者"那端",如读者需要竭尽所能地穿透文本符号的障碍,用"心"感悟、体味作者的"心意"和学理的"真义"。即便如此,被符号表述所限制的"词不达意"的情况难以完全规避,人们丰富的情感样态,并不能实现"意到笔随"。这正如刘禹锡在《视刀环歌》一诗中所说的:"常恨言语浅,不如人意深。"

作者—文本—读者,这三者是构成一个完整的书面交际过程的三要素。文本这种精神产品是作者的劳动创造。作者将自己对客观世界的认识成果形诸文字,使其成为可供认识和传播的对象。从形态上看,它们都是物质产品,是可以感知的语言符号;从功能上看,它们又都是精神产品,负载着作者的思想和感情。换言之,文本是作者观点和情感的表达。读者通过阅读文本,获取和领会作者的思想和感情,以实现与作者的交流。也就是说,作者是发出交际信息的一方,文本是交际信息的载体,读者是接收信息、进行理解的一方。

输出和接收,给予和接受,表达和理解,这是两个头脑和心灵的交流。这种交流的实质是理解,是主体间——作者和读者——在思想和心灵层面的融合与再生。正如德国当代哲学家、美学家、诠释学大师伽达默尔所认为的,阅读的过程就是文本世界与读者世界的视域融合的过程。在阅读之中,阅读实践的结果同时指向两个方向。一个方向是,它使被阅读的内容进入"表现",为文本作品展开了一个可能拥有的意义世界;另一个方向是,它重新塑造着读者的"前理解",为读者展开了一个不断迎纳新视野的理解的世界。

在这种交流中,借由文本而实现的作者的表达主导和制约着整个交际的过程与方向。表达和理解的中介是以文字为主的文本。作者的表达集中体现在文本之中,读者阅读文本以接收和领会作者的表达。一旦作者的表达外化为语言符号系统,进而固化在物质载体内,它就变作一个独立存在的、被暂时固定下来的文本作品。因此,被写成的文本作品具有客观性和确定性。

读者以文本为阅读对象,必然要受到文本内容的制约、规范和导引。这种制约、规范和导引主要体现在以下三方面:首先,阅读的方向和范围是由文本限定的。文本作为信息的储蓄器,是第一信息源。阅读是读者对文本释放的信息量的接受。释放的信息量越大,阅读接受的信息越多。常规的理解性阅读必须使阅读目标与作者的表达意图保持一致。如文章的主旨,对读者是一种制约。正如叶圣陶在《揣摩》一文中所说:"理解一篇作品,当然着重在它的主要意思。但是主要意思是靠全篇的各个部分烘托出来的,所以各个部分都不能轻轻放过。体会各个部分,总要不离作品的主要意思。"阅读欣赏中的共鸣现象证明着阅读目标和作者表达意图的同一性。共鸣需要读者和作者的思想感情达到基本一致,甚至契合无间。梁启超在《论小说与群治之关系》一文中谈道:"凡读小说者必常若自化其身焉,入于书中,而为其书之主人翁。读《野叟曝言》者必自拟文素臣;读《石头记》者必自拟黑贾宝玉,读《花月痕》者必自拟韩荷生若韦痴珠,读《梁山泊》者必自拟黑旋风若花和尚。"发生共鸣的因素是多元的,但无论是哪种,它们均表现在阅读主体与客体的融洽结合上。读者在阅读的"释码"和"内化"过程中,往往因体验文本情景的需要而受到作者情感的影响,从而产生共鸣,甚至于出现同样的情感活动;或爱或恨,或喜或怒。阅读中这种情感过程与其他智力活动相比较是十分突出的。为了达到阅读目标,实现写作目的,还要求读者在阅读过程中使阅读思路和写作思路保持一致。尤其在认读、理解、鉴赏中,不实现阅读主客体的同轨同步,就不能求得对结构主旨的准确把握。尽管读者在阅读中具有创造性实践,但是这些创造性实践必须以文本作品的原意为前提。其次,阅读的创造性实践是以文本为基础的。阅读是读者与文本的"动态合一",读者作为文本内容的接受者和理解者,继续着作者的创作,实现着文本的价值。阅读的创造性想象、思考、评判均以文本作品为基础,文本作品留下的空白和不确定性越多,留给读者的主动性越大,使读者获得的思想营养和审美也越多。读者的主观能动性是文本作品的"结构"召唤来的,想象丰富的读者在不留空白的文本作品面前,无用武之地。文本作品的诱导空间越大,给读者的视野期待越多,越能调动读者的能动性。阅读的理解和鉴赏离不开想象,其想象的依据、动因是文本作品提供的再造条件。不论是先后承接的想象或者组合完形的想象,都是在文本作品语词的触发、引导下进行的。由于同一文本作品的语词是固定和等量的,不同读者通过语词触媒而发生的再造想象在总体趋势上也大致相同。这种阅读想象的多元同向性证明了文本作品的约束力。阅读的创造评价以文本作品形象为基础。尽管不同时代、不同社会、不同阶级、不同民族的读者对同一文本作品有不同的体验和反应,但这些体验和反应必定是从文本作品中"开采"和"挖掘"出来的,并且更重要的是,文本作品的客观内含是具有相对稳定性的。如《红楼梦》中的林黛玉,她的清丽孤高、才华过人、多愁善感、病弱纤瘦等特征,成为"典型共名",得到普遍认可,这正表明文本作品给读者提供了一个特定的审美意向,具有不可更改的确定内涵,此之谓"审美定性"。最后,阅读的方法和效率是受文本制约的。阅读的方法随阅读对象的不同而不同。科学的读法必须适应文本的性质和特征。例如,就文体来说,文章中的科学信息明晰性强,阅读呈线性的对应关系,宜用分读法和冷读法;文学中的美感信息带含蓄性、朦胧性,要求全身心地去感受,宜用全读法和热读法。记叙文和论说文也不同,前者突出作者支配描写的手段,后者重在阐明作者推论的途径。阅读的效率也受文本的制约。要在最短时间内通过阅读获得最大的信息量,必须提高阅读速度和理解程度。科学著作的信息密度高,冗余度低,宜作慢读、研读,文学文本作品的描写成分多,冗余度高,适用快读、泛读。

"文本作品具有客观性和确定性"这一事实提醒人们,所谓"作品的意义并不存在于作品本身,而是存在于'阅读过程'中","作品仅存在于读者的主观观念之中"这类将读者放逐于阅读对象——文本作品之外并且否定文本作品客观性的唯心主义言论,是完全主观和武断的,甚至是不负责任的。文本作品对读者阅读的制约和规范作用是表现在多方位并贯穿于阅读的全过程的。尽管如此,也不能忽视读者自身的作用。也就是说,承认文本作品"确定性"的同时,也要看到它的"未定性"——文本作品的意义和价值只有通过读者的阅读行为才能得以产生和实现。

文本价值的真正实现和作品意义的无限展开,都需要依赖读者的阅读行为。在读者进入阅读过程之前,文本作品只具有潜在的交流性。只有当读者开始阅读并正式意识到作者的思想和感情时,交流才具有现实意义,文本作品的价值才得以呈现。

文本作品一旦按照社会规范所要求的文字符号被写成,其表象内容就是凝固不变的了,这些表象内容对所有的社会成员和现实读者都是一样的。虽说如此,但是在读者的头脑中,并没有识别所指内容的现成标准图式,读者对文本语言符号的感知以及对文本作品的理解、感受和体验,都完全依靠于自身所特有的知识经验和思维方式,因此,不同读者对同一文本作品的理解、感受和体验往往千差万别,甚至同一读者在不同时期和环境中,对同一文本的阅读反应也不甚相同。《易经·系辞上》说:"仁者见之谓之仁,智者见之谓之智。"后来文论史上续有"诗无达诂""文无定评"等说法,以及西方谚语所谓的"一千个读者就有一千个哈姆雷特",均道出了阅读的主体差异性。由此可见,读者的知识经验和思维方式在阅读的过程中发挥着非常重要的作用,扮演着不可忽视的角色。读者的知识经验和思维方式决定了他跟什么样的书产生互动和共鸣。反过来说,这也就解释了为什么不是每一本书都能被特定的个体所理解和喜欢,这是因为个体的知识经验和思维方式跟这本书并没有任何的融合之处。由此可见,拥有不同知识背景和先有概念的读者会将不同的意义面向带入文本作品中来,这些意义面向恰恰开拓了作品意义的深度和广度。

所以,读者阅读文本,并不是单纯地理解作者的原意,更不是机械地接受文本的观点,而是在获得文本意义的驱动下,同时进行着积极的自我内省和反思。所以,在阅读过程中,与其说是作者的思想感情进入了读者的头脑,倒不如说是读者的思想感情进入了作者的文本作品;与其说是文本作品反映了作者的思想感情,倒不如说是文本作品激活了读者的思想感情。

阅读能力直接影响读者与文本之间的交流过程,但是从事实上说,阅读能力的提升也是在与文本"打交道"的过程中逐渐实现的。没有文本的存在,阅读能力的训练不过是一句空话。然而,并非所有的文本作品对阅读能力的培养都起积极作用。最能铸造阅读能力的一定是一流作品。歌德说:"鉴赏力不是靠观赏中等作品而是要靠观赏最好作品才能培育成的。所以我只让你看最好的作品,等你在最好的作品中打下牢固的基础,你就有了用来衡量其他作品的标准,估价不至于过高,而是恰如其分。"(《歌德谈话录》)

可以说,正是通过阅读过程所蕴含的读者与作者思想、情感和心灵之间"互塑共融的解构和重构"过程,读者或更新或印证了既有的知识图式和价值框架,实现了"自我"的不断再生和跃升,并重新认识和改造生活世界。与此同时,文本作品内容所必然具有的部分局限性或谬误,也被读者发现并修正。由此可见,文本作品进入读者的世界、影响读者的意识的过程,兑现了文本作品自身的价值。文本只有在理解过程中,才能实现由无生气的意义痕迹向有生气的意义的转换。文本作品的意义是随着阅读者的接受和理解而完成和实现的。在这个意义上,经由阅读而实现的读者与作者(或文本)之间的交流过程,是由读者最终完成的,这话并没有问题。

在读者和作者互相作用、不断交流的基础上,现代认知心理学家总结出阅读的两种路径:一种是"自上而下"的路径;另一种是"自下而上"的路径。传统的观点主张采用"自下而上"的阅读方法,即从文本作品的最小文字单位开始,通过"解码"获得文字的意义,然后根据脑海里的知识经验对文字意义加以确定或修正,得出正确的解释,最终理解文本作品。也就是说,只要逐字逐句读文字,便可理解全文。随着现代认知心理学的发展,人们发现阅读并不仅仅是被动解码,而同时是一种主动的积极的猜测,即"自上而下"的阅读过程。在这个过程中,读者根据自己脑海中已有的知识结构,对文章进行推测或假设,然后以文字层层向下推进,对预测或假设加以确认。因此,实际上阅读是"自下而上"和"自上而下"这两种模式相互作用的过程。但无论采取哪种阅读路径,都离不开读者的语言知识和图式知识。

第三节 阅读的基本类别

根据不同的分类标准,可以将阅读划分成诸多不同的类型。这些分类标准包括但不限于阅读对象、阅读目的、阅读需求、阅读方法、阅读方式、阅读能力、读者类型等。这里,仅选择具有代表性的几种类型对阅读实践活动进行分析。

一、功利性阅读

在探讨何谓"功利性阅读"之前,需要首先明确功利的含义。"功利"一词主要有两方面含义,一是指功效利益,二是指功名利禄。功利性阅读中的"功利"一般取后者之意,是指为了获取"功名利禄"而进行的阅读。具体而言,功利性阅读主要是指读者为了达到某种现实的外在目的而进行的阅读。这里所说的"某种现实的外在目的"主要是指能够直接或间接换取物质利益的目的,例如,快速习得某种能够缓解矛盾或解决问题的技能,准确掌握某种通过考试或关卡的手段。因此,功利性阅读往往具有很强的、很具体的指向性,它必须有一个明确且清晰的现实目标,同时,它还必须有较高的效率,即投入相应的时间和精力后能快速得到正向反馈,也就是说"立马见效"。正是因为具有这样的特性,功利性阅读才能够受到现代人的广泛认可和欢迎。

功利性阅读自古有之,且普遍存在。在古罗马时期,阅读就被看成一种用来增加个人物质财富的有效的和高回报的技能。甚至在莎士比亚和伊丽莎白女王时代的英国,阅读仍然"首先是功利性的"和"纯然分析性的"。在古代中国,功利性阅读的势力同样不容小觑。"学而优则仕"是古代中国阅读传统中非常重要的一个理念,说明阅读的核心目的是"修身齐家,治国平天下"。然而,随着科举制度的兴起和蓬勃发展,"学而优则仕"开始偏离原意,读书学习的目的不再是提升自我进而安定天下,而是变成狭隘的升官发财。同样是做官,做官的利他之意,变成了利己之私。读书的超越维度被抹平,降格为换取物质利益的工具和手段。很多学者认清了功利性阅读的弊端,并表达了对读书入仕达观的正确的态度。如清朝学者唐彪在其著作《人生必读书》中曾引用何士明的话道:"功名富贵,固自读书中来,然其中有数,非人力所能为也……尝见人家子弟,一读书就以功名富贵为急,百计营求,无所不至。求之愈急,其品愈污,缘此而辱身破家者多矣。至于身心德业,所当求者,反不能求,真可惜也。"于是,唐彪进一步指出:"吾谓读书者,当朝温夕诵,好问勤思。功名富贵,听之天命。惟举孝悌忠信,时时励勉,苟能表帅乡间,教导子侄,有礼有恩,上下和睦,即此便足尊贵,何必入仕,然后谓之仕哉!"遗憾的是,当局者迷,在科举盛行的年代里,并不是所有人都能够抽身而出并清晰地认识到功利性阅读的诸种弊端的。正如宋代学者陆九韶在其著作《居家正本制用篇》中所指明的:"世之教子者,惟教之以科举之业,志在于荐举登科,难莫难于此者。试观一县之间应举者几人,而与荐者有几。至于及第,尤其希罕。盖是有命焉,非偶然也,此孟子所谓求在外者,得之有命,是也。至于止欲通经知古今,修身为孝悌忠信之人,此孟子所谓求则得之,求在我者也。此有何难,而人不为耶?"功利性阅读对后世影响深远,时至今日,人们仍然看重功利性阅读,并希望借助功利性阅读获取外在的物质利益和实际效用。

二、非功利性阅读

非功利性阅读与功利性阅读相对,它是指读者为了实现某些内在目的而进行的阅读实践。所谓的内在目的,是指与个人内在成长、进步息息相关的目的。中国古代社会中所说的"为己之学"指的就是这种意义的阅读。非功利性阅读也能带来一定的外在效应和实际结果,但是其指向性却并不体现在个人生命的"外部",而是落在个人内在的精神世界。非功利性的阅读实践为人们提供了自我超越的机会和路径。在这种阅读中,人们敞开自己的内心和内在认知,与作为"他者"的各种知识和认知模式相互碰撞、相互融合,不断更新和扩展原有视域,进而实现内在精神境界的提升和精进。当然,这种内在的提升和精进必然会为读者带来巨大的乐趣和满足感,因此,从这个结果来看,有些学者也认为非功利性阅读是一种为了享受阅读本身之乐的阅读形式。这种乐趣不同于快感,它是自我超越和自我成长的必然结果,而不是通过感官刺激出现的、基于欲望满足而产生的新鲜感。

三、经典阅读

经典阅读,顾名思义,是指以经典为阅读对象的阅读。经典阅读是非常重要的一种阅读类型,甚至可以说是个体成长、成熟所不可或缺的阅读形式。经典阅读之所以重要且必要是因为经典本身所具有的强大魅力和价值。经典,不同于一般文本作品,它必须经过双重检验和认证:一是众人的验证,虽然经典可能出自"一家之言",但必须得到众人广泛的认可,这也从侧面说明了经典中所记载的内容是迄今为止无法被驳倒的、值得人们相信并践行的真理。二是时间的验证,每个时代有每个时代的局限性,经典所记载的必须是超越时代局限性、放之四海而皆准的内容。所以说,经典是经得起众人和时间考验的文本作品。无论是东方文明,还是西方文明,都有其经久不衰的经典作品,如:儒家的《论语》、道家的《道德经》、柏拉图的《理想国》、亚里士多德的《形而上学》等,这些经典是后世文本作品的根源和基础。它提出了几乎是所有时代的个体都需要面临的问题,并提供了获得答案的启示和寻找答案的方法。也正是在这个意义上,产生于过去的经典,在今天依旧具备源源不断的生命力,它依然能够为现代个体提供精神上的指引。唯有站在经典和真理的肩膀上,人们才可能"更上一层楼"。经典阅读在今天这个信息量激增的社会中尤为重要,当人们被辨不清真伪的信息所包围时,经典如黑夜中的明星一般,为人们辨别真假、判断善恶提供了标准,它照亮了人们前进的方向。在经典的指引和庇护下,人们不再迷失自我,而是找到正确的人生之路。

四、深层阅读

深层阅读是相对于浅层阅读而言的。为了更好地理解深层阅读,人们需要认清浅层阅读的含义。浅层阅读是指"不求甚解"的阅读,最具代表性的浅层阅读当属浏览,它是一种在短时间内迅速把握文本大致内容的方式,是一种效率和回报率都很高的阅读模式。尽管如此,浅层阅读仍有其自身所无法规避的弊端——浅尝辄止,无法引发深入的思考和理解。这时候,就需要深层阅读来弥补这一不足。深层阅读可以被理解为是浅层阅读基础上发展出来的一个层次,它的目的是通过分析、怀疑、辩证等思考过程深入地理解文本内容,实现个人视域与文本视域的深度融合。这种深层阅读不像浅层阅读那样仅仅停留在获取信息和知识层面,而是触及到了个体的基本认知模式,这种基本认知模式是个体进行价值选择和产生实际行为的根本性依据。因此,深层阅读具有重塑个体的价值观念和行为模式的巨大力量。也正是在这个意义上,所谓的"阅读改变人格""阅读培养浩然正气""阅读规范人的行为""阅读匡正社会风气",才有可能成为现实。

五、理解性阅读

理解性阅读,顾名思义,是指以读懂和领悟文本作品的精神内涵和社会价值为目的的阅读。为了读懂和领悟文本作品的内容,理解性阅读必须以"识文断字"为基础。读者在理解文本内容之前,必须具备"识文断字"的能力,当然,这种"识文断字"是广义的,只要是能够明白字意、词意,就可以被认为是具有"识文断字"的能力,如视障患者虽然无法看见文字,但是能够通过触摸盲文来实现实质性的阅读效果,再如阅读障碍患者,也可以通过听其他人朗读而参与到阅读实践中来。除了"识文断字"的能力之外,理解性阅读还需要丰富的知识储备和健全的认知模式,以及一定程度的综合思维能力。唯有通过理解性阅读,读者才能够较为深入且准确地把握文本内容,领悟文本的精神实质。

六、鉴赏性阅读

鉴赏性阅读指在阅读文艺作品的过程中对作品进行鉴别和欣赏的阅读。鉴赏性阅读是通过形象思维展开的,因为文艺作品以塑造形象来反映生活,读者在阅读中首先要以作品提供的形象为依据,通过自己的形象思维活动展开丰富的想象和联想,进行艺术形象的再创造。通过对作品理解的深化,使自己的认识得到理智上的领悟和感性上的反映。鉴赏性阅读不单包括对作品思想内容的分析鉴赏,还包括对作品艺术技巧和写作风格的鉴赏。

七、创造性阅读

创造性阅读是指带着提出某些新见解的目的去发现以前未曾有过的认识,能超过作者本意、产生创造性的结论的阅读。创造性阅读不同于阅读的一般形式,它的门槛很高,是需要读者经过长时间的正确练习和积累才能够达成的。这种阅读并不是被动式地接受文本已有的内容,而是将文本的内容化为自己的养分,进而孕育出新的精神成果。

八、专题性阅读

专题性阅读是围绕某一专题而展开的系列阅读。进行专题性阅读的首要前提是必须找到一个较为固定的研究专题,这个研究专题为整个专题性阅读提供了方向,它就像树根一样扎根于土壤中,而后开枝散叶的内容则必须是与之相关的文本内容。最具有代表性的专题性阅读就是科研论文写作过程中的阅读,它以某一具体课题为中心,所搜集、整理和阅读的内容必须都与这一课题直接或间接相关,而阅读这些文本内容的最终目的是解决这一课题所提出的问题,因此,专题性阅读也是一种实用性较高的阅读类型。

九、消遣性阅读

消遣性阅读是以消遣和放松为目的而进行的阅读。消遣性阅读的核心特点是"不费力气",这就与某些学者所提倡的"要多读些费力的、能够挑战自己认知能力的书籍"的观点不同。虽然消遣性阅读并不必然带来精神的成长和视野的扩展,但是消遣性阅读能够让现代人经常紧绷的神经获得喘息和休息的机会,因而具有存在的必要。一般而言,消遣性阅读也可以分为高低两个层次:较低层次的消遣性阅读以获得浅层的精神慰藉为目的,如翻阅时尚类杂志和娱乐性书籍等;较高层次的消遣性阅读以获得审美享受为旨归,如阅读散文和艺术类书籍等。读者可以根据不同时期的具体需求来进行不同层次的消遣性阅读。

第四节　阅读对个人的价值

阅读,作为人类社会活动的重要组成部分之一,是一种有意识、有目的的社会活动,它使人通过视觉来接收书面文本材料,从而向文本学习知识,获取精神营养。阅读的重要作用之一便是通过提升个体的阅读效果,提升个体的知识水准和精神素养,帮助个体掌握正确认识世界和改造世界的能力,进而促进社会的可持续发展和进步。因此,阅读对人类社会而言是具有重要存在价值的。

那么,具体而言,什么是阅读的价值呢?

阅读价值是阅读主体(读者)和阅读客体(文本)之间需要和满足的关系。价值并非事物的自然属性,而是劳动产品在社会交际中对人的需要的某种满足。离开了读者的需要,文本的价值就无法实现。唯有当读者和文本产生密切关联,即文本所记载的内容满足读者的某种需要时,文本自身的价值才能够得以呈现。阅读的价值因文本的客观属性满足了读者的主观需要而形成,它是通过阅读行为的全过程才实现的。

阅读,作为精神产品的消费和再生产活动,其价值具有以下几种基本特征:一、阅读价值的间接性和隐秘性。阅读是具有价值的,但是这种价值并不是直接能够呈现和被感知的,它必须依赖于读者的参与才能够实现。此外,即便读者吸收了文本的内容，也要通过具体的实践和情境才能够转化为现实能量。也就是说，那些尚未转化为外在表现的内容，暂且潜存于读者的记忆库，在需要的时候才释放其能量。精神产品的价值在阅读过程中不仅不受到损耗，而且越来越展开其隐蔽性，使读者不断发现它的新价值，因此，在判断某一部文本作品，尤其是评价那些人文类的经典文本作品的价值如何时，不能短视地以"能够快速地获得阅读效果和阅读反馈"为标准，而应该意识到文本作品价值的发挥周期和发挥规律，切不可生硬地"一刀切"。此外，阅读价值难以通过精确计算测定出来，正如马克思所说："对脑力劳动的产物——科学——的估价，总是比它的价值低得多，因为再生产科学所必要的劳动时间，同最初生产科学所需要的劳动时间是无法相比的。"这就使得阅读效益具有模糊性。

二、阅读价值评估的主观性和相对性。阅读尽管存在群体活动，但是必须认识到，群体阅读是以每一个个体阅读的实现为基础的。阅读终究需要以具体的个体来实现其价值。也就是说，阅读的价值只能通过个人的精神实践来达成。因此，阅读的价值也因个体的不同而呈现出主观性和相对性。同样是阅读一部文本作品，有些读者不仅可以准确地掌握文本的内涵，还可以有所创建，但是有些读者则不但无法领会其深意，而且还可能误解其表达。这种情况的直接结果就是人们对同一部文本作品价值的"褒贬不一"。例如人们在阅读《少年维特之烦恼》时，有些读者深受感动，对作品大加赞许，甚至效仿主人公的行为；有些读者则批评和抨击这部作品所带来的负面影响。还需要说明的是，阅读评价因个体差异，常带有一定的精神目的，注入了读者的主体意识，使一些作品在一定时期内受到贬低、讥讽和埋没，以致要经过漫长的岁月才为人们赏识并发挥效益。

三、阅读价值的二重性。并不是所有的阅读都是具备正面价值的。有一些阅读不仅无法实现"开卷有益"，反而会导致"开卷有害"。为何如此，主要有两方面原因：第一，文本作品本身的价值有高有低，有些文本作品所记载的是经过历史筛选和验证的真理性内容，有些文本作品则记载的是未经验证，甚至是颠倒是非、模糊焦点、粉饰错误的内容。如果读者没有足够的鉴赏力和辨别力，那么在碰到第二种文本作品时，很容易被误导，这时候，阅读就是有害的。当然，有时人们在面对内容负面的文本作品时，也能够化腐朽为神奇，苏联作家高尔基就对这一种情况进行过准确的总结，他说："我读过无数的坏书，然而它们对我也有益处。应该知道生活里的坏事物，像知道好的那样清楚和准确……经验越是多种多样，人就越得到提高，人的眼界就越广阔。"第二，读者的阅读能力有高有低，除了上文所提到的鉴赏力和辨别力之外，读者想从阅读中获益，必须掌握正确的阅读方法。有些读者选择了正确的真理性文本，但是却因为不知道怎么阅读，而无法吸收文本中的精神内涵，结果只读了皮毛,没什么收获。基于上述特点,人们在讨论阅读价值的时候,应该正确认识阅读价值所具有的二重性。不能只看到直接的、现实的效益,而忘记了间接的、潜在的价值,不能仅仅谋求立竿见影的近效,而忽略了作战略性的远效思考。

阅读的价值,大致可以分为两个方面:对个人而言的价值和对社会而言的价值。总体而言,阅读对社会的价值是阅读对个人价值的延伸和扩展。因而,在探讨阅读的社会价值之前,需要先明确阅读对个人所能发挥的价值。本章探讨的主要是阅读对个人而言的价值。

阅读是以文本为对象的具体实践。从文本的角度来看,阅读的行为就是将文本对读者的潜在价值发挥出来的一种基本方式。因而,阅读的价值是以文本的潜在价值为基础的。人们之所以能够通过阅读从不同地区、不同时代、不同文明所积累的大量文本作品中获取信息、占有知识和获得启发,就是因为文本自身对信息、知识、情感、意义和智慧的承载、保存及传递效用。

图书是重要的且最具有代表性的文本。图书并不是自人类诞生之日起便存在的,它是在人类对知识产生强烈渴望和需求的背景下出现的。在图书产生之前,人类只能依靠自身的直接经验和周围那些人的经验来认识世界和改造世界,这使得人类的发展受到了阻碍和限制。为了更好地开展自己的生产活动和社会活动,人类逐渐认识到互通信息和经验的重要性。他们起先只是通过口头语言来互相分享信息、借鉴经验,但是这种传播模式具有共时性,必然受到时间和空间的制约。为了突破口头语言的局限,人类发明了文字和图书,这样一来,人们就可以将想要留存和传播的内容记录在图书上,而其他人只要阅读图书就能够实现获取其他人经验和知识的目的,这种方式可以将人类宝贵的经验和知识长久留存并广泛传播,人类的经验和知识得到积累,后人可以站在前人的肩膀上看世界,同代人也可以互相交流,实现共同进步。可见,图书的出现对人类的进步与发展来说意义非凡。有了图书,人类便不再像动物一样,只能凭借本能和有限的知识来生活。有了图书,人类具备了改造自然、改造社会的能力。可以说,图书馆的实质就是人类用于记录并传播知识的工具。以图书为代表的文本,兼具图书作为精神产品的所有特性,它不仅是人类智慧的结晶,是人类共同创造与共同享用的精神财富,而且也是人类社会进步的阶梯,是人类文明发展的基石和动力。尤其是文本中的经典作品,更是人类文明的精华。为了获取和继承文本中所承载的知识和智慧,人们需要阅读。

对个人而言,阅读的价值主要体现在以下几个方面:

首先,阅读帮助人们获得知识。人类主要通过两种方式来认识世界:一种方式是直接体验,通过亲身经历而获取相关的感悟和知识;另一种方式是间接获取,通过第三方的传播,来获得相关的信息和认知。同样的,知识按其获得方式可分为两种:通过直接经验而获得的知识(简称直接知识)和通过间接经验而获得的知识(简称间接知识)。需要说明的是,由于受到诸多内在认知和外在条件的限制,对于有限的个体而言,不可能存在每件事都亲身体验的现实。为了弥补这一不足,个体可以借助相对来说并不那么受限的间接经验,来提升认知的广度和深度。书籍是人类文化知识的宝库,它所承载的是前人和同代人的认识活动与实践活动的总结和成果。古今中外有成就的学者,无不赞誉读书求知的功能。例如:《淮南子》中说:"诵诗书者期于通道略物。"苏轼在《李氏山房藏书记》中如是说:"悦于人之耳目而适于用,用之而不弊,取之而不竭,贤不肖之所得,各因其才;仁智之所见,各随其分。才分不同,而求无不获者,惟书乎!"朱熹强调:"盖为学之道,莫先于穷理;穷理之要,必在于读书。"王守仁明示:"读书之要,贵在求是。"他们一致肯定,阅读的首要意义在于"明道穷理"。中国现代阅读学的奠基者之一夏丏尊在《阅读什么》一文中指出:"我们生存在今日,要求知识,最普通、最经济的方法还是读书……我们为了要生活,要使生活的技能充实,就得求知识……譬如说,我们因为要在自然界中生存,要知道利用自然界理解自然界的情形,才去学习物理、化学和算学等科目;我们因为要在这个世界上做人,才去学习世界情形,修习世界史和世界地理等科目;我们因为要做现在的中国人民,才去学习本国历史、地理、公民等科目。学习的方法可有各式各样,有时须用实验的方法,有时须用观察的方法,有时须用演习的方法,并不一定都依靠书。只因为书是文字写成的,文字是最便利的东西,可把世间一切的事情,一切的道理都记载出来,印成了书,随时随地可以翻看,所以书就成了求知识的重要的工具,值得大众来阅读了。"曾祥芹在《阅读学原理》中也提到:"一个人才的知识建构,从直接经验中获得的不足20%,而通过阅读得到的间接经验却在80%以上。阅读在获取和扩展人类知识上的作用,是阅读价值的根本所在。"虽然阅读不是人们获取知识的唯一的方式,但是这种方式的绝对优势还是特别突出的,因而通过阅读从文献中获取知识,是古今中外人们获取知识的最常规的途径。图书的最大特点是实现了人类精神力量和精神财富的选择性积累,阅读图书就是从这些已经积累了的人类精神力量和精神财富中提取所需要的部分。也就是说,历史上每个时代的人都将他们的精神能量如同粮食一般积蓄在图书中,同代人和后代人都可以汲取这些时代精华和精神养分而不必受到时间和空间的约束,从而获得进一步的提高和成长。

牛顿说:"如果说我看得远,那是因为我站在巨人的肩上。"每一个时代的"成大事者",都不是"从零开始"的,每一个时代的伟大创造都是以前人的劳动成果为依托而逐渐产生出或者造出来的。阅读是继承前人智力成果和精神财富的最关键的手段。阅读就是人们同古今中外所有民族的大智慧者进行对话的过程,在这段对话中,人们可以在较短的时间内掌握人类长期积累的文化和科学财富,而不必重复其漫长的认识与创造过程。书籍可以把读者带到人们本身以外去,带到别的民族、别的国度去,带到遥远的历史中去,带到别人的心境中去。阅读使读者把眼前的世界和在时间、空间上远离我们的世界沟通起来,从而开拓了人们的生活视野。约翰·卢伯克在《书的神妙》一文中写道:"像一个人记忆一样,书就是人类的记忆,因为在书里,包含着人类的历史,进化发展的过程,年代累积的知识与经验,也描出了自然界的神奇和优美。借着书的帮助,人类渡过了多少难关,抚慰过多少忧患和悲戚,使忧伤的时光重沐愉悦的阳光;借着书的启导,使我们获得较完美的、较爽朗的思想和满脑子的概念,而使得个人能超越自己。"由此可见,阅读是孕育新知识、新思想的良好土壤。对于任何一个学科领域而言,新知识和新思想都并非凭空而来的,它的产生必然根源于传统。传统为创新提供了依据和基础,一个时代的创新也会变成下一个时代的传统,历史的车轮不断向前,人类的文明也得以延续和发展。创新必须依赖于传统,任何背离了传统而进行的发明创造都是不符合客观规律的,因而也必然是失败的。图书记载着人类的历史,积累着人类宝贵的认识成果,通过阅读图书,人们可以借助前人的力量和视野来获得突破和进步,这是图书和阅读至关重要的作用。

其次,阅读帮助人们提升智力水平。从实质上来看,阅读是一项十分复杂烦琐的智力劳动。阅读不仅是求知的行为,而且是开智的手段。古今中外的专家学者早就公认阅读具有"治愚开智"的价值。例如:中国西汉目录学家、文学家刘向说:"书犹药也,善读之可以医愚。"俄国批判现实主义作家、思想家列夫·托尔斯泰说:"理想的书籍是智慧的钥匙。"法国文学家拉法格说:"书籍是提高我们思维能力的精巧工具,是帮助我们克服智力上的惰性以及知识贫乏的发动机。"苏联著名教育家苏霍姆林斯基在其著作《给教师的建议》中说:"阅读能教给他思考,而思考会变成一种激发智力的刺激。书籍和由书籍激发起来的活的思想,是防止死记硬背(这是使人智慧迟钝的大敌)的最强有力的手段,学生思考得越多,他在周围世界中看到的不懂的东西越多,他对知识的感受性就越敏锐。"

人的智力是什么?智力是某些技能的综合体,也就是说,智力由一些专门的技能所构成,如思维力、归纳力、推理力、想象力、联想力、记忆力、观察力、专注力、创造力等。既然是"技能",就是可以被训练和培养的,而研究表明这些技能可以在阅读的过程中逐渐被习得和掌握。也就是说,阅读有利于促进人们智力的提升。理查德·巴姆贝尔格博士曾明确指出:"人们通过视觉器官认识了语言符号,反映到大脑中转化为概述,许多概念又组成完整的思想,然后发展成为复杂的思维、联想、评价、想象等。"当读者聚精会神地进行阅读时,产生活跃反应的不仅仅是读者的视觉,包括理解、分析、怀疑、辨别等过程的思维世界也被激活。这个过程不但能够帮助读者扩展知识,还能够培养读者的思维能力,当读者的思维能力达到一定水平时,读者的智力必然会随之提高。由此可见,阅读对提升人们的智力水平具有非常重要的作用和价值。

既然阅读具有"医愚开智"、促进人们智力发展的价值和功能,那么,阅读是如何实现这一价值和功能的呢?

一方面,智力的发展以知识的储备为前提。一个智力超群的人,必然是一个具有丰富知识储备的人。如果一位读者可以不断学习新知识、更新旧知识,那么,这个读者的智力水平将会得到一定程度的提升。除此之外,智力的发展需要外力的推动和激发,而在阅读过程中,被大脑所解码的大量信息恰恰是激发智力的重要外力。所以,一些阅读心理学家认为,主动的积极的阅读活动能够大大增强读者心智活动的能量。当人们开始阅读时,大量的文字信息涌现出来,人们必须对其进行识别、辨认、解码、理解、记忆,并将新呈现的内容与脑海中已有的认知架构进行比对,而这一过程必然触发阅读心智活动所包含的三个主要的机能群:一是激活机能群,专事启动、强化阅读的心理动力,形成专注、期待和灵感;二是操作机能群,完成猜测、确证、提纯、重组、应用、创新、表征和表述等动作;三是定向和调控机能群,朝着阅读目标,有程序有节奏地实现阅读主体的需要。当三个机能群整体发动起来的时候,就可以全面开发读者的智力。因此,经常通过阅读来激发这三个机能群,使它们保持活力和弹性,对大脑的开发和智力的提升十分必要。

总而言之,阅读能够使大脑不断地进行思维训练,进而培养读者的专注力和观察力,触发读者的联想力和想象力,增进读者的思维力,孕育读者的创造力,提高读者的概括力,训练读者的记忆力。这对读者的智力开发有着重要的作用,这也是阅读的一个重要的价值。

再次,阅读帮助人们完善人格。阅读不仅可以帮助人们增长知识、提升才干,而且还可以塑造和完善人们的人格。何谓人格?《人格心理学》一书指出,人格是指个体在适应社会生活的过程中,对自己、对他人、对具体事情、对周围万物所做出的具有个性化和独特性的反应。一个人的人格具有独特性、稳定性、统合性和功能性。它是人的尊严、价值和品格的总和。人格的培养在于学问,而学问多源自于阅读实践,因而,阅读有利于帮助人们完善自我人格。古今中外的很多名人都曾指出阅读对人格的塑造作用。孔子曰:"古人学者为己。"荀子曰:"君子之学也,以美其身。"认为学习、阅读能够实现、完善自我。弗朗西斯·培根更是在《论学问》一文中直接指出:"阅读使人充实……史鉴使人明智;诗歌使人巧慧;数学使人精密;博物使人深沉;伦理之学使人庄重;逻辑与修辞使人善辩。'学问变化气质'。不特如此,精神上的缺陷没有一种是不能由相当的学问来补救的:就如同肉体上各种的病患都有适当的运动来治疗似的。"高尔基则把书籍比喻为"人类进步的阶梯",他在《谈谈我怎样学习写作》一书中自述:"每一本书都像一个小的阶梯,我沿着它向上爬,就从兽类上升到人类,上升到更美好的生活的境界和对这种生活的渴求。"伊塔罗·卡尔维诺在《为什么读经典》一书中阐释了阅读对青少年形成性格的实际作用,他写道:"它(指青少年时期的阅读)赋予我们未来的经验一种形式或形状,为这些经验提供模式,提供处理这些经验的手段,比较的措辞,把这些经验加以归类的方法,价值的衡量标准,美的范式。这一切都继续在我们身上起作用,哪怕我们已差不多忘记或完全忘记我们年轻时所读的那本书。当我们在成熟时期重读这本书,我们就会重新发现那些现已构成我们内部机制的一部分的恒定事物,尽管我们已回忆不起它们从哪里来。这种作品有一种特殊效力,就是它本身可能会被忘记,却把种子留在我们身上。"可见,用心的阅读必然会在读者的头脑和心灵中留下印记,或者形成新的心理状态,或者产生新的文化品味,或者充实其既有的知识图式,或者改善其既有的价值尺度,进而树立正确的人生观和世界观,将自己的人格塑造得更完善。

人们之所以能够通过阅读来完善人格,是因为在这一过程中,人们实现了自我维度的提升和超越,即"知己所未知,思己所未思,乐己所未乐"。换言之,通过阅读,读者的知识经验扩充了,这是自我在量度上的增加;读者的观点认识改变了,这是自我在本质上的提高;读者的思想情感升华了,这是自我在价值上的飞跃;读者的方法技术迁移了,这是自我在能力上的练达。也就是说,阅读使个体的认知从"未经审视"的固定模式转变为"等待碰撞"的开放模式,个体原本深信不疑的认知框架如同被拿到太阳下晾晒的物品一样,被一个一个地重新观察和审视。在这个观察和审视的过程中,经过检验的可以被保留,而未经过检验的则需要被剔除。被剔除是不容易的,因为这些未经检验的观念可能已经在个体的认知框架中存在多年,剔除它们一定要有足够的觉知。而一旦这个"保留-剔除"的更新过程得以完成,人们的认知框架必然得到重构,人们的认知维度也必然实现提升。带着全新的认知模式,个体可以更准确地认识世界和改造世界,并实现物质层面和精神层面的自我超越。

人格上的维度更新和超越是十分必要的。这是因为自从人诞生以来,就被"抛掷"在世俗世界,这个世界充满了人们习以为常的所谓的"常识",人们从小就被这些"常识"所塑造,并在内心形成一套"参照框架"(可以理解为一种认知模式),以便锚定生活的方向和意义,组织自己的人生。这套"参照框架",在人们进入学校接受正规教育前就已经被建构完成了,它并不是社会教育的结果,但必须承认的是,绝大多数时候,社会教育,尤其是学校教育,强化了这套"参照框架"。除此之外,社会环境也为建构这套"参照框架"起到了推波助澜的作用。当个体发现周围的大多数人都持有某一观念或践行某一行为时,个体便会自然而然地认同这一观念,并同样地将之付诸行动。也就是说,当周围的人都具有类似的"参照框架"、采取同样的行为动作时,个体很容易丧失怀疑维度,从而把一切都当成是"理所当然"。而这又恰恰导致个体所秉持的"参照框架"千疮百孔、漏洞百出。因此,如果没有对它的怀疑和审视,也许人们永远被困在各种不断僵化,甚至是漏洞百出的先入概念中,无法进步。当然,要推翻和重建这种旧有模式是非常艰难的。人们在很小的时候就建立了这些观念,并随着时间的推移而不断强化这些观念。此外,在某些情境中,使用这些观念来指导行动或做出决定并不会造成很严重的后果。因此,试图改变它们似乎无关紧要,甚至没有必要。这些旧有模式之所以难以剔除,正是因为它们的隐蔽性和顽固性。为了延续固有的状态,这些旧有模式会欺骗和蒙蔽大脑,它们为大脑提供了好的理由以便说服大脑对它们言听计从。所以,发现旧有模式的漏洞和问题十分困难。对很多个体而言,所谓的学习和阅读,只不过是重复和强化已有的观念而已。就这样,他们被封闭在"自我"当中,浑然不觉有什么问题。这一现象意味着,除非有"他者"的进入,否则人们就会不自觉地被困于既有认知中,或者更严重一些,将永远地被封闭在某一种理解世界的方式中。这种困境,在今天尤其严重,由于现代多媒体技术的发展,人们的智慧成长与精神发育频频遭受到网络信息潮水般的干扰和阻碍。如果没有精神食粮——书籍——作为"他者"的介入和冲击,人们很难走出惯习、依赖和自命真理,因而也很难实现超越,获得自由。

阅读,正如学习一样,为个体提供了接触新知识、新思想、新方法的路径,而唯有接触这些新东西后,人们的初始观点、惯常推理方式才可能会发生变化,人们才有机会打破原有的未经审视的认知模式,并重新建构一个能够正确反映客观世界的认知架构,以便更好地认识世界和改造世界,进而发挥自身的本质力量。在这个意义上,阅读也是一种"变形孵化器"。通过阅读,个体得以进入未知的领域,原初的心智结构很有可能会从根本上发生变化,参照框架也可能在很大程度上被重构和炼制,大脑不断地重新建构"认知大厦",以便更好地认识世界和改造世界,同时获得更大的本质性力量。此外,在改变原有认知的基础上,个体通过阅读还能够与古今一切民族的伟大智慧相结合,并从中汲取能量。经过了历史长河淘洗的经典文本作品,凝聚着人类在"求真、向善、尚美"的过程中所获得的成就。这份沉甸甸的成就必须通过阅读才能够重获新生。同样的,经由阅读,人们也可以获得、吸收、享用这份成就,借助前辈的力量,实现自身能力的增长和自我维度的提升。因此,在这个意义上,苏联教育家苏霍姆林斯基在其著作《给教师的建议》中指出:"阅读应当占据人的整个理智和心灵,引起他去深入思考周围世界和自己本身,迫使他去仔细观察和了解人的灵魂的复杂性,迫使他去考虑自己的命运和前途。""真正的阅读能够吸引学生的理智和心灵,激起他对世界和对自己的深思,迫使他认识自己和思考自己的未来。没有这样的阅读,一个人就会受到精神空虚的威胁。无论什么都不能取代书籍的作用。"

阅读完善读者人格的一个重要成果或表现就是改变了个体的气质。气质与外貌不同,外貌主要是指人的表面的容貌,它会随着年龄的增长而不断变老。气质则与年龄没有必然关系,它是人的内在精神和心性的外在呈现。气质秉性源于先天,但是后天可以有意识地对其进行培养和改变。阅读,特别是阅读人文经典作品,是培养和优化一个人气质的重要途径。它能够驱散人们内在的阴暗和愚昧,能够带领人们走向内在的成熟和洒脱,帮助人们建立自信、提升智慧。而一旦一个人通过阅读将内在的心性修炼好了,自然会有良好的气质呈现出来,正所谓"腹有诗书气自华"。正如北宋著名书法家、文学家黄庭坚所言:"士大夫三日不读书,则义理不交于胸中,对镜觉面目可憎,向人则语言无味。"或如明朝学者吴麟徵在其著作《家诫要言》中所说:"多读书则气清,气清则神正,神正则吉祥出焉,自天佑之。读书少则身暇,身暇则邪间,邪间则过恶作焉,忧患及之。"再如现代作家三毛所阐释的:"读书多了,容颜自然改变,许多时候,自己可能以为许多看过的书籍都成了过眼云烟,不复记忆,其实它们仍是潜在的。在气质里,在谈吐上,在胸襟的无涯,当然也可能显露在生活和文字里。"可见,经典文本接触多了,势必使一个人的气质发生潜移默化的变化,而气质的提升实则就是个体内心境界和人格提升的结果和反映。

最后,阅读帮助人们修身养性。阅读实践对读者个体的建构,不仅仅是增长知识、开发智力,更突出地表现在修身养性方面。"修身"的说法来自于《大学》。《大学》有云:"古之欲明明德于天下者,先治其国;欲治其国者,先齐其家;欲齐其家者,先修其身;欲修其身者,先正其心;欲正其心者,先诚其意;欲诚其意者,先致其知;致知在格物。物格而后知至,知至而后意诚,意诚而后心正,心正而后身修,身修而后家齐,家齐而后国治,国治而后天下平。自天子以至于庶人,壹是皆以修身为本。"这里把"修身"放在根本的位置,不"修身",则无以"齐家",更遑论"治国","本乱而末治"的事情,是不可能的。"修身"是每个人的事，不论地位贵贱高低，人人都需要"以修身为本"。"修身""齐家""治国""平天下"是对先秦儒家的主要代表孔子、孟子"修己治人"伦理思想的集中概括。儒家认为，"修身""齐家""治国""平天下"是同一件事情的不同方面。当一个人能够将身心修好时，自然能够使家庭和睦，自然能够安顿国民和天下百姓。"齐家""治国""平天下"的功夫在于"修身"。"修身"就是对自身的本性和对自身在天地万物中的位置有所觉知，并依靠自己的意志力来支配自己的整个身心，支配自己的行为举止。"修身"需要"以心统身"，以本身固有的良知为指引，将个人私欲控制在合理的范围内，进而安顿周围的其他人。"养性"是养心之意，就是净化思想、陶冶情操和培养品德，让心性一直不偏离正道，不误入迷途。"修身养性"就是保持和发展良好品性，坚持走正道。

无论是对心灵的修炼，还是对品性、情操的滋养，都要经历一个过程，在这个过程中，需要不断提供"修"和"养"所需要的营养，"凡活物不养即死，心乃存于我身一大活物，最须以养"。那么，修养所需要的"营养"从哪里来呢？不管有多少种供给"营养"的途径，其中必定包括阅读而且阅读一定是最重要的途径。对此，朱熹说得十分明白："圣贤教人，只是要诚意、正心、修身、齐家、治国、平天下，所谓学者，而学此已。若不读书，便不知如何而能修身，如何而能齐家、治国。"也就是说，只有读书，才能达到修身、齐家、治国、平天下的目标，明确阐明了读书与修身养性的关系。不仅仅是朱熹，古今中外诸多学者、名人一致认同和强调"阅读修身立德"的效用。

孔子十分重视阅读对于修身的重要作用，他曾指出："好仁不好学，其蔽也愚；好知不好学，其蔽也荡；好信不好学，其蔽也贼；好直不好学，其蔽也绞；好勇不好学，其蔽也乱；好刚不好学，其蔽也狂。"意思是说，一个人如果不读书，即便他本身具有好仁、好知、好信、好直、好勇、好刚等优良品质和正向追求，也无法成为一个君子，甚至可能变成有诸多不良品行的狂妄愚昧之徒。孔子又说："吾十有五而志于学，三十而立，四十而不惑，五十而知天命，六十而耳顺，七十而从心所欲，不逾矩。"这是为了说明和强调终身学习和阅读对培养良好品行的重要性和必要性。唯有"博学、多闻、志于学"，才能够在德行层面不断精进。此外，孔子还高度重视阅读"六经"的德治功能："其为人也，温柔敦厚，诗教也；疏通知远，书教也；广博易良，乐教也；洁静精微，易教也；恭俭庄敬，礼教也；属辞比事，春秋教也。""兴于诗，立于礼，成于乐。"这是说，《诗》可以使人感情上"兴起""好善恶恶之心"，《礼》能使人"卓然自立而不为事物所摇夺"，《乐》则"可以养人之性情而荡涤其邪恶，消融其渣滓"（朱熹《论语集注》）。可见，阅读对于"修身"具有多方面的、综合性的价值，如读书可以通达事理，使得人们心胸宽广博大而平易善良，心灵纯洁宁静而恭敬严肃等。王充在《论衡·佚文》中指出:"文人之笔,劝善惩恶也。"徐干则说:"人不学则无以有懿德。"(《中论·治学第一》)西汉学者贾谊也总结说:读"春秋",可"为之耸善而抑恶,以革劝其心";读"礼",可"使知上下之则";读"诗",可"广道显德,以驯明其志";读"乐",可"疏其秽而填其浮气";读"语",可"知先王之务明德于民";读"故志",可"使知废兴者而戒惧"。西汉董仲舒认为,人性之中有"善质"也有"恶质",善质待学而能成善。他强调:"今万民之性,有其质而未能觉,譬如瞑者待觉,教之然后善。"(《春秋繁露》)此外,他还指出人的道德认知能力非天生即有,必须通过后天学习获得:"然则常玉不琢,不成文章,君子不学,不成其德。"(《春秋繁露》)白居易在《读张籍古乐府》中说:"上可裨教化,舒之济万民;下可理情性,卷之善一身。"陆游在《读书》其二中说:"读书本意在元元",王夫之在《示侄孙生蕃》中说:"识字识得真,俗气自远避。"他们都深刻认识到了读书对于修身修德的客观效应。著有《颜氏家训》的南北朝时期的文学家、教育家颜之推也指出:"虽百世小人,知读《论语》《孝经》者,尚为人师;虽千载冠冕,不晓书记者,莫不耕田养马。以此观之,安可不自勉耶?若能常保数百卷书,千载终不为小人也。"(《颜氏家训》)他认为,读书能增益德行,不读书将成为"小人"。明代学者王守仁在《训蒙大意》中说:"讽之读书者,非但开其知觉而已,亦所以沉潜反复而进其心,抑扬讽诵以宣其志也。凡此皆所以顺导其志意,调理其性情,潜消其鄙吝,默化其粗顽,日使之渐于礼仪而不苦其难,人于中和而不知其故,是盖先王立教之微意也。"他是从教育的角度谈读书,他已经认识到了读书不但有致知开智的价值,而且有修身养性的价值。读书除了有"顺导"作用,还有"观照"作用,即通过与书中内容反观对照而加强自身修养。孔子主张"吾日三省吾身","见贤思齐焉,见不贤而内自省也"。薛瑄在《读书录》中强调读书"修身"必须善于"自省":"读书至圣贤言不善处,则必自省曰:吾得无有此不善乎?有不善,则速改之,毋使一毫与圣贤所言之不善有相似焉。至圣贤言善处,则必自省曰:吾得无未有此善乎?无善则速为之,必使事事与圣贤所言之善相同焉。如此,则读书不为空言,恶日消而善日积矣。"正是这种反观自省与涵养熏陶相配合,使读者不断地变革自我、更新自我和优化自我,最终到达灵魂净化、品德完善的至高境界。

虽然阅读对个体性情的培养起到潜移默化的教化作用,但是,并不是所有的阅读都能将人导向良善,使人归于正道。如果要发挥阅读在价值层面、道德层面、心性层面对个体的良性影响,必须满足以下条件:一是,所阅读的文本应该是对个体有益的精神产品。如果是"精神鸦片"或"精神毒品",那么,这样的阅读非但不能滋养读者的心灵,培育读者的正气,反而会将读者引入歧途,使其德行败坏。二是,读者在阅读文本作品的过程中,不能仅仅满足于获取信息和知识,还应该重视将文本作品中所包含的精神内涵纳入认知体系,并在适当的时候变成具体的实践。如果读者只是知晓了文本中所记载的良好品行,而不将其付诸实践,那么,再美好的品行也无法"落地"进而"生根发芽",修身养性不过是空谈罢了。因此,为了通过阅读来修身养性,读者需要从以下两方面入手:一是选择优秀的文本作品进行阅读,并能够以书中记载的前圣先贤的思想和事迹来激励自己,为自己树立较高的道德标杆。二是将读到的做人道理付诸行动,知行合一,持正念,守正道。将高尚的道德内化为自身的修养,长此以往,自然而然地会散发出浩然正气。

第五节　阅读对社会的价值

尽管阅读是通过个体来发挥和实现其价值的,但是从人类发展的整体层面来看,阅读是推动人类社会不断向前发展的重要动力。由此,人们可以在认清阅读的个体效应的基础上,进而探究阅读对人类发展和社会文明的群体效应。当阅读由个人行为升级为社会行为时,个人和社会便开始了一场良性的互动,在这场互动中,社会的记忆和信息被移植到个人的头脑中,个人变得更有力量、更有见识。与此同时,个人的独特记忆和经验也被存储和容纳到社会整体的记忆库和信息库中,社会记忆和社会信息得以丰富和更新,社会的整体力量得到了增强。个人和社会实现了完美的配合和互补。在阅读的作用下,人类逐渐掌握了运用语言符号抽象地、概括地把握世界的能力,并由此从根本上改变了存在模式和存在状态:个体由于借助了阅读的力量,实现了从本能到文化、从自然状态到文明状态的转化和跃升。正是得益于社会阅读的不断深入发展,人类的物质文明和精神文明的发展速度与质量才得以大幅度提高,人类社会才能不断加速发展。

总体而言,阅读对社会而言的价值可以概括为"经国济世"。"经国"源出《国语·周语下》:"将民之与处而离之,将灾是备御而召之,则何以经国?""济世"语出《庄子·庚桑楚》:"简发而栉,数米而炊,窃窃乎又何足以济世哉?"在今天,"经国济世"意味着"博施于民而能济众",意味着"安定社会,济助世人"。阅读可以"经国济世"的主要表现有以下几个方面:

首先,阅读可以推动民族文化的传承与创新。文化是人类社会发展过程中所积淀的物质财富和精神财富的总和,是一个民族整体意识和行为的集合体,文化代代相传、流动不息,具有继承性。英国著名历史学家阿诺德·约瑟夫·汤因比曾指出,中国的民族文化能够在全球各种文明中长盛不衰并成为一道独特的风景,这得益于中国所具有的丰富的藏书及与之相应的优秀的阅读文化。丰富的藏书和优秀的阅读文化有效避免了文化传统的断裂,使得中国的文化得以一脉相承、经久不衰。由此可见,在传承民族文化方面,阅读具有不可忽视的重要意义和作用。阅读之所以能够延续民族文化,是因为图书本身所具有的存储和传播精神成果的功能。正是借助这种"存储-传播-再存储-再传播"的模式,民族文化才得以不断延续,并取得不断进步。

然而,不得不引起重视的是,今天,物质文明快速发展,各个民族的文化传承却面临着诸多挑战。由于互联网等信息技术的兴起,个体获得了在网络上发声并与其他人频繁互动的机会,然而就是在这个全民联动的时代,原先的严肃主题和庄重叙述被无聊的恶搞、调侃、戏谑等所解构和取代。有不少文化创作者放弃了对自身责任的追问,向市场利益屈服,他们不仅没有引导社会文化走向正途,而且还煽动了社会个体的不理性情绪。世界著名的媒体文化研究者、批评家尼尔·波兹曼在其著作《娱乐至死》中提到,人类的文化传承危机主要有两种模式。一种是暴力的、压抑的,它通过查禁书籍、钳制思想来实现对文明的毁灭;另一种则是温柔的、甜蜜的,它让人在不知不觉中心甘情愿地让渡自由、接受规训,真理被淹没在充满感官刺激但实际上却十分无聊的庸俗文化之中,人们每天都在狂欢和娱乐,具有深度的文化被一种不易察觉的、温和的方式摧毁。因此,第二种模式比第一种模式更加可怕,这是因为第一种模式的弊端显而易见,因此更容易防备,但是当第二种模式发挥效用时,人们很有可能变成"温水中的青蛙",已经深陷危险却毫无警觉。面对这种威胁,人们必须培养出一双能够明辨是非、分清善恶的慧眼,以便在浩如烟海的书籍中找出经典之作,同时,还需要具备良好的阅读能力,以便在阅读经典作品时,不仅能够准确领悟作品中的精神实质,而且还能够顺利地将这些精神实质化为自身的血肉,并在实践中呈现其效果。唯有如此,阅读对民族文化的传统作用才能得以实现。

其次,阅读可以提高国民的文化素质,增强国家的核心竞争力。一个国家兴衰与否,主要取决于国民能力的强弱。如果一个国家的国民普遍具有较强的能力,那么这个国家大概率是具有较强竞争力的。在国民所具有的众多能力中,阅读能力是非常关键的。这主要是因为阅读对个体具有塑造作用。阅读对个体的塑造作用主要包括以下几个方面:第一,阅读能够帮助人们培养健康的人格;第二,阅读能够帮助人们塑造相对稳定又具有弹性的价值框架;第三,阅读能够帮助人们建立开放的思维和心态;第四,阅读能够帮助人们习得安身立命的技能;第五,阅读能够帮助人们掌握认识世界和改造世界的正确方式。正因为阅读对个体的塑造作用,个体才能够摆脱被动的、受自然制约的生存状态,进入积极地、能动地改造自然和社会的生存轨道中。而对自然和社会的改造水平其实就是个体核心竞争力的重要表现,同样的道理,它也是一个国家核心竞争力的重要表现。由此可见,一个国家的国民的阅读能力与这个国家的核心竞争力呈现出正相关的态势。一个富强文明的国家必定是一个读书大国。其读者队伍的数量和素质,必须达到现代化的高度。阅读,经国之大业。

再次,阅读可以促进经济发展,推动社会生产进步。只要承认阅读行为是一种创造性的脑力劳动,就应该肯定阅读属于生产活动。马克思说:"正是在改造对象世界中,人才真正地证明自己是类存在物。这种生产是人的能动的类生活。通过这种生产,自然界才表现为他的作品和他的现实。因此,劳动的对象是人的类生活的对象化,人不仅像在意识中那样理智地复现自己,而且能动地现实地复现自己,从而在他所创造的世界中直观自身。"这段话指出了"生产"的二重含义,一方面是"人的本质力量的对象化",一方面是"对象的人化"。阅读作为一种潜在的生产力,就在这种双向的融会中得以进行和完成。阅读是一种直接的精神生产力。它作为科学技术和文化教育的能源,已经渗透、融会到精神生产中的各个方面和精神生产过程的各个环节,成为精神生产力的一个主要因素。阅读不只是对精神产品的再加工,充当"补充作者",而且还进行精神产品的独立创造,成为"第一作者"。阅读是创造新知识的摇篮。任何科学、艺术,其顶峰在于未来,其根基在于过去。根据文化科学的历史继承性原理,创新离不开继承,正如牛顿所说的要"站在巨人的肩上"攀登。博读能借助不同学科的知识和技能的相互交叉,形成联想、类比、假设,触类旁通,从而取得创造性的突破。阅读又是一种间接的物质生产力。它作为精神生产必然对物质生产产生种种影响。凭借阅读创造的科研成果及其应用,能够指导物质生产的组织和管理,改进生产工具和劳动对象,改变物质生产的结构,推动物质生产的发展。随着社会的进步,精神生产逐渐成为规定物质生产方向的力量,整个社会生产有着转向以精神生产为先导的趋势。

社会经济的发展过程其实就是先进的生产力和生产关系不断取代落后的生产力和生产关系的过程。这就意味着,在现代社会中,社会经济的发展必然需要依赖于人们能否持续不断地创造新的生产方式。而决定人们能否持续不断地创造新的生产方式的关键在于实践和阅读。实践离不开阅读,创新也离不开阅读。阅读为创新提供了稳固的基石。作为学习和掌握科学技术的基本手段和重要途径,阅读在社会经济发展中扮演着重要角色。阅读能够促进科学普及,提高个人和企业的科技素质与创新能力,进而推动生产力发展。因此,提升全民阅读水平对于国家和社会经济的发展具有重要意义。阅读的生产效益根本体现在提高劳动者的素质上。精神生产往往通过影响人的素质来促进物质生产的进步。人是社会生产力中最重要、最活跃的因素。阅读能从德、智、体、美诸方面提高人的素质。依靠发掘劳动者的内在潜力来提高劳动生产率,应视为阅读的生产战略。

最后,阅读可以提升社会政治文明。阅读是提高政治文明的重要途径。政治文明由政治意识文明、政治制度文明以及政治行为文明三个要素组成,形成了一个有机的整体。阅读与这三者的形成和进展之间存在着直接和间接的联系。阅读有利于公民深入了解民主政治并增进对宪法、法律的理解。阅读有助于公民深刻理解自由、平等、民主和公正等政治价值,帮助人们更好地了解中国政治发展历程及个人权利和义务。阅读能够帮助人们汲取各种文明的智慧,并推动社会政治体系的不断进步。阅读也间接影响政治行为文明。人民群众参政、议政的广度和深度、能力和水平,直接受制于他们的文化素养水平。只有公民政治参与知识越丰富,政治素质才会更上一层楼,政治参与的能力也将更加强大。

第四章 阅读能力

阅读,并不是人们与生俱来便具备的能力,它必须通过系统的学习和正确的练习才能够逐渐掌握。阅读能力的习得过程,如同其他能力的习得过程一样,既需要事先了解阅读的基础知识,又要将这些基础知识顺畅地运用到阅读实践中,完成具体的操作练习。阅读能力的核心是准确而迅速地获得必要的读物信息。阅读能力是综合性很强的能力,它由多方面的因素组成。从阅读的实际过程角度出发,阅读能力主要包括以下五个方面:选择能力、感知能力、理解能力、思考能力和评鉴能力等。现就这些阅读能力做以下说明。

第一节 选择能力

选择能力在阅读过程中发挥着关键作用,它直接影响着阅读实践的最终效果。阅读的选择能力,就是对阅读内容的选择能力,是阅读的主体对客体的内容价值的判断与决定取舍的能力。

一、选择阅读内容的必要性和重要性

《列子》一书里讲了这样一个故事:杨子之邻人亡羊,既率其党,又请杨子之竖追之。杨子曰:"嘻!亡一羊,何追之者众?"邻人曰:"多歧路。"既反,问:"获羊乎?"曰:"亡之矣。"曰:"奚亡之?"曰:"歧路之中又有歧焉。吾不知其所之,所以反也。"意思是说,扬子的邻居丢失了一只羊,邻居请求扬子的僮仆帮忙寻找,面对这种情况,扬子好奇地问道:"只是丢了一只羊,为什么要派那么多人去寻找?"邻居说:"因为岔路很多。"过了一阵子,帮忙寻找羊的人们回来了,扬子又问:"羊找到了吗?"邻居回答说:"岔路当中又有岔路,我又不知道羊往什么地方去了,叫我往哪条路去找呢?"这则寓言故事看似与阅读无关,但仔细思考,却发现其深藏隐喻,这个隐喻直指一种读者。这种读者以果戈理小说《死魂灵》中的彼得尔希加为典型代表。彼得尔希加是一个十分勤奋的读者,他本应通过阅读获得进步,但是他在阅读时却从未认真选择过阅读的内容,反而是乱读一通,结果是一无所获。这种毫无目的的、毫无选择的阅读,实际上是一种"阅读浪费"。由此可见,阅读其实并不都是有益的,至今流传一千多

年的宋太宗皇帝的名言"开卷有益"也是需要正确理解和看待的。"开卷有益"并不是"只要打开书本阅读,就一定受益"。它原意是指宋太宗在读《太平御览》这部大型类书时的感叹,后来演变为一种劝人阅读的箴言。"开卷有益"并非一概而论,其前提必须是以判断为基础的合理选择。也就是说,一个人如果想从阅读中获益,必须对阅读的内容加以选择,必须具有选择能力。

阅读为什么需要严加选择呢?究其原因,主要有以下几个方面:

首先,从阅读客体角度看,阅读内容的数量过于庞大。随着纸质印刷水平的不断提高,电子传播技术的飞速发展,人类的出版物也在激增,全世界图书馆的馆藏文献都在大幅度增长。现在任何一门科学都呈现两种发展趋势,一方面向宏观拓展,与相关学科联系形成许多边缘学科;一方面又向微观领域深入,越分越细,形成若干层次的小学科。这种发展态势使得可阅读的文献内容越来越多,人们应接不暇。这些内容就像"岔路当中又有岔路"一样,如果不懂得判断和选择,读者或是陷入"无从下手"的困境,或是被引向歧途、不知归路。为了避免这两种情况的发生,读者在面对汗牛充栋的读物时,应该学会合理筛选,以便摄取到足够的有价值的内容。

其次,从阅读客体角度看,阅读内容的质量和价值存在差异性。这个世界上有许许多多可供人阅读的文本或图书,其中有些记载着优秀的、经得起实践检验和时间洗礼的内容,而有些则记载着完全错误或者看似正确实则荒谬的内容,还有些则废话一堆,不值得一读。可见,这些待读作品并非是等价或等质的,它们之间有高下优劣之分和价值大小之别。读者如果幸运的话,能遇到好书,那么经过科学的阅读,则可以获得一定程度的成长,或是一种对生活和生命的启发。但是,如果不幸地,在没有足够的鉴赏和判断能力的基础上遇到了坏书,那么,不仅会浪费许多时间、精力,而且还有可能"学坏",习得的都是与客观规律或是人类本性相悖的东西,可以说是有百害而无一利。正如俄国思想家别林斯基曾经说过的:"阅读一本选择不当的书,比完全不读书更坏,更有害。"由此可见,面对质量和价值都不一的书籍,读者应该学会择优而读。亚瑟·李在《给一位爱好读书的孩子的信》中也写道:"你最好尽可能选些能震撼心弦的高贵作品来读,这种作品对你心灵的激荡,才有真正的好处。要想这样,首先你得知道应该摒弃那些无价值的书。凡是浪费你时间的,该烧毁的,教坏孩子的以及使人懦弱而不使人坚强的作品,都该摒弃。"现在的书籍大致可分四类:一是值得精读的;二是可供参考的;三是没有参考价值的;四是误人子弟的。读者应该尽量选取前两种来读。这是因为,中国有句古话:"取法乎上,得乎其中;取法乎中,得乎其下。"如果不注意摄取高质量的知识,舍第一流的书而去读第二或第三流的书,得到的也只是三、四流的阅读体会和阅读心得。所以,清代画家郑板桥说:"五经、二十一史、藏十二部,句句都读,便是呆子;汉魏六朝、三唐、两宋诗人,家家都学,便是蠢才。"陆世仪说:"凡读书须识货,方不错用功夫。"这都是读书要有选择的经验之谈。阅读要选好书,挑选有价值的第一流的书来读,而不要被二、三流的书所贻误。这种"识货"之功,在科技发展、知识激增的现代社会尤为重要。人们应该学会避开各种各样看似美好和有用的垃圾内容,适当屏蔽能够对人产生干扰的无关信息,不盲目跟风,选择一流的文献进行阅读和学习。

  再次,从阅读主体角度看,人们的阅读时间和阅读精力是有限的。相对于无穷无尽、不断更新的书籍和知识而言,人是有限且"渺小"的。道家经典著作《庄子》中记载:"吾生也有涯,而知也无涯。以有涯随无涯,殆已!"这句话是为了说明人作为有限个体与无限知识之间所产生的矛盾,如果一个人,用自己有限的生命去追求无限的知识,那么这个人就会精疲力竭。书是"无限"的,是读不完的,而个体的生命却是"有限"的。所以,一个人想在有限的生命中,穷尽世界上所有的书籍是不可能的。从人所拥有的时间来看,一般而言,人的平均寿命只不过七十多年,这几十年的时间在历史长河中只不过是一眨眼的工夫,就算每天24小时都用于阅读,也无法读完浩如烟海的书籍和文章。即使阅读时间最长、阅读速度最快的人,也只能摄取知识大海中的"一粟"。所以,人类个体只能在众多书籍中挑选最有价值和最适合自己的阅读内容,充分运用自己的时间和精力,通过阅读提升自我。

  从次,从阅读主体角度看,人们的阅读目的和阅读需求具有差别性和规定性。苏轼在《又答王庠书》一文中曾说:"书富如入海,百货皆有。人之精力,不能兼收尽取,但得其所欲求者尔。"意思就是说,书籍浩如烟海,内容纷繁复杂,一个人的时间精力都十分有限,绝不可能对书籍全读尽取,只能根据各自的目的和需求来进行选择和取舍。读者的阅读目的和需求可以分为四大类,即学习性阅读、欣赏性阅读、研究性阅读和创造性阅读。一般而言,文章的阅读在于求知,而文学的阅读在于寻求精神满足,补偿现实生活中无法实现的欲望。应该说,抱着不同阅读目的和阅读需求的读者对所读内容的关注点是不同的。如果阅读目的和需求在于学习、求知,那么读者对能够提供新信息材料、新思想观点的文本作品就比较有兴趣,也会产生更多的意愿来阅读;如果阅读目的和需求在于研究,那么,读者所关注的便是与自己研究课题相关的文本内容。如果阅读目的和需求是欣赏,是求得精神满足,那么,读者就会选择那些读来轻松、愉快的文本作品,而绝不会选择非常深奥或者晦涩难懂的书籍来读。即便是同一本书、同一篇文章,读者的阅读目的和需求不同,他所关注的重点也不尽相同。就拿《诗经》来说,如果读者是研究《诗经》中的爱情观,那么,他阅读的主要是其中的爱情诗;如果读者的目的和需求是便于教学,那么,他就只会围绕教学目的进行选读。总而言之,由阅读目的和阅读需求所决定的阅读行为应是一个"控制系统",而"控制系统"则既有封闭性,又有开放性,即使集体编辑百科全书,对信息的采用也是根据一定的封闭性的需要来选择的,而不是无论什么信息都塞入书中去。至于个人的阅读,必然更狭隘得多,因此更需要强调选择。当然,表现在读者身上的阅读目的和阅读需求并不一定是单一的、孤立的,而可能是相互交叉、相互影响、相互渗透的,是诸种目的和需求的集合,但这并不能说明读者对文本作品不需要选择,因为其中必然有某种目的和需求要占主导地位,这便左右了读者的阅读行为,从而决定了读者选择性阅读的必然性。

最后,从阅读效率角度看,选择性阅读是追求阅读效率最佳化的必要条件。当今世界,知识类别激增,而人的社会分工也越来越细,各类别知识愈加精深。这样,一个个体要成为全才是不可能的。每个人只能根据自己的具体情况,形成一定的知识结构。这里有两个层次。低层次是获取作为一个当代人所必需的生活与生产的基本知识。高层次则还要加上对某一门或几门学科的较深透的专门知识。然而不论在哪个层次,都有一个知识结构因人而异的问题。而不加选择地见什么读什么,不可能形成合理的知识结构。在《红楼梦》中,薛宝钗曾挖苦贾宝玉说:"宝兄弟整日价杂学旁收的。"说明古人也讲究阅读选择。合理的选择是提高阅读效率的关键所在。尤其是在今天,掌握阅读的选择能力更为重要。在这个知识激增的信息时代,一方面知识生产节奏飞快,阅读内容浩如烟海,另一方面,社会竞争日趋激烈,生活节奏越来越快,这就形成了对高效率阅读的追求。人们必须在最短的时间内获取能够提高效率的方法,掌握能够提高收益的技能。人们必须最大限度地提高所学知识的有用比率,与之相应的,人们对所阅读之物必须谨慎选择和吸收。

由此可见,天下之书不必读尽,只需要去粗取精、善加选择地阅读即可。如果只知道一味苦读、一味死读,而不知道判断、比较和选择所读的内容,那么即便废寝忘食、囊萤映雪、书读百遍,也不会收到理想效果。这时候就不是"开卷有益"而是"开卷有害"了。可见,有选择地进行阅读十分重要。

二、阅读过程的选择性

(一)阅读过程中的选择性注意

注意的指向性和集中性决定了它的选择性。注意的指向性显示出人们在阅读的过程中,并非把当时所有起作用的刺激物(读物)都作为自己认识的对象,而是有选择地从这些读物中选出有现实意义的东西作为自己认识过程指向的对象。阅读的集中性则显示出人们的阅读过程不仅有选择地指向一定的对象,而且相当持久地指向这一对象或这一类对象。制约读者选择性注意的因素主要来自两个方面:一是文本作品本身的魅力。它包括形式方面的结构性因素和内容方面的功能性因素。二是读者自身的条件,包括知识、文化、思想、兴趣、地位、职业等积累性因素和阅读时的情绪、心态等触发性因素。

(二)阅读过程中的选择性理解

读者对语言文字的理解,对思想内容的理解,都具有明显的选择性。不同的人对同样的阅读内容会产生完全不同的理解,那么对不同的作品,由于各人的理解不同,其选择性当然就更显突出了。阅读理解,除了作品本身外,还受生活经验、文化背景、动机需要、情绪、态度等的影响。一般而言,制约读者选择性理解的因素有三:一是文章本身。明朝文学家陈继儒说:"少年莫漫轻吟咏,十五方能读杜诗。"(《读少陵集》)因为杜诗本身的深沉凝重、意境深远,年纪太小缺乏经验,确实是难以理解的。二是读者自身,包括读者的动机、情绪、态度等,这些因素的作用使得"一千个读者就有一千个哈姆雷特"。三是社会环境。它必然影响读者的阅读心理。

(三)阅读过程中的选择性记忆

记忆是比理解更深刻更复杂的一种现象,它意味着"内在化",意味着以往生活的一切因素的相互渗透,包含着重建及创造。现代心理学认为,记忆过程包括识记、存储和再现三个基本环节。三个环节都有一个净化"过程",对于一篇文章,可以识记它的基本内容、主题思想,也可逐字逐句背诵下来。存储也是有选择性的,它并不是把读过的东西全部都记下来。而要再现存储的信息,则往往需要许多的,甚至多层次的中介,如果中介不同,再现的内容就有差异。因此,选择贯串整个记忆过程。选择性记忆受要求、需要、态度等因素影响。学生学习范仲淹的《岳阳楼记》,教师要求全篇背诵,学生如态度端正,定能全文成诵;如只要求记篇中名句,则可能只记得"先天下之忧而忧,后天下之乐而乐"。通常说来,阅读者容易记的,往往是愿意记的,与自己经历有关的,引起心理震颤的或刺激性较强的。而且,对待同一读物,赞成者记住正面,反对者记住反面。所有这些都是阅读的选择性记忆所致。

三、阅读选择能力的构成要素

阅读选择能力主要由阅读客体的筛选力、对阅读主体的自审力以及阅读主客体的黏合力三者构成。假使某一个体能够同时具备这三种能力,就会有较强的阅读选择能力,就能正确地选择读物,进而进行有益的阅读实践。

(一)对阅读客体的筛选力

要迅速准确地选择读物,读者就必须具备对阅读客体的筛选力。这种筛选力主要表现在以下三个方面:第一是对读物性质的识别和判断。如果无法通过阅读书籍目录、内容简介、序、跋等内容来自行判断,可以向更有能力的专业人士或非专业人士请教。第二是对读物内容的迅速粗知能力。这种能力可通过探测性阅读、搜求性阅读及筛选式阅读等方法的训练而得到提高。探测性阅读的目的是搜寻某种资料或确定读物是否具有阅读价值,常用于三种不同的情况。一是了解一本书的总观点。其步骤大概是:注意书的标题和副标题,作者和出版者;阅读导言或序言;浏览目录,检验参考书目;阅读出版者有关的话或关于作者的说明;选择一两个包含主要论题的中心章节,阅读它的开始一、二段和结束段,注意出现在章节始末的标题。在迅速阅读完后,就可以确定这本书是否包含了读者所需要的资料,是否需要进一步阅读了。二是掌握一个章节或一篇文章的主要内容或主要观点。它需要了解这一章节或文章出现在哪一类书籍或报刊上,知道所读部分与其他部分之关系,寻找出概括文章的段落或句子。三是寻找某种特殊的信息资料。这就要求运用浏览阅读法,尽快移动眼睛扫视阅读材料。搜求性阅读则是运用大脑的选择理解功能,迅速感知重点或所需内容。筛选式阅读则是运用浏览式阅读通观全书或全文,再运用顺次选读或抽取选读法,并将与阅读目的无关的部分排开,从而快速获得所需材料。有意识地进行上述各种阅读训练,自然会提高粗知能力。第三是对读物的相互比较能力。读物只有在相互比较中才能见出其优劣及价值。例如同类书的比较、同一本书不同版本的比较,便可从目录、序、跋、注解或个别章节内容方面进行,通过这一比较可选出最理想的版本。这样便能真正择优而读,避免"阅读的浪费"。当然,这种相互比较的能力还需以阅读者的判断能力及粗知能力做基础,这是必须注意的。

(二)对阅读主体的自审力

对阅读主体的自审力,主要是指读者对自身的阅读兴趣、爱好、能力、效果以及在阅读过程中的关键细节和所能够用到的技能进行主动觉知、判断和及时调整的能力。它是对阅读实践的总结。自审的目的在于观照自省。观照自省的程度越深,越可以做出较为合理的阅读选择。对阅读主体的自审力涉及诸多因素。首先,要了解自己的观察力、注意力、感知力、感受力、记忆力、想象力、思维力、评判力怎样,智力发展水平如何,还有自己的志趣、情趣、情操怎样,阅读的心理障碍又有哪些等等。其中有些能力在不同的年龄阶段有不同的特征,有些因素各人有各自的特点,它们无不影响着阅读选择。因此,阅读主体就必须使各种个性心理、生理因素协调配合达到最优境界,培养自己高度的审美力和鉴赏力。其次,要充分了解自己现有的知识水平。一般而言,知识水平越高,知识积累得越多,人们越能够正确地选择书籍进行阅读。这是因为,一方面,知识积累得越多,说明对某一领域的认知越深刻,因此,在进行阅读选择时,能够去粗取精,精准选择。另一方面,阅读能力是知识水平得以提升、知识数量得以积累的重要因素之一,所以一般知识积累较多的读者都具有较好的阅读能力,因此也能够具备一定的读物选择能力。最后,是对阅读目标的认知程度。一般而言,对阅读目标的认知程度越高,越能够高效地选择适合的书籍进行阅读,相应的,也越容易获得较好的阅读效果。这是因为有了明确的阅读目标,也就有了对于阅读效果的衡量标准和整体预估。认知阅读目标的理想状态是有长远目标,并找到达成该目标的步骤,简言之,便是"有方向,有方法"找准目标,循序渐进,一定能达到良好的阅读效果。

(三)阅读主客体的黏合力

一般而言,阅读客体筛选力与阅读主体自审力具有双向推进作用,主体自审力强,对客体筛选力起着推动作用。比如一个读者明确近期要研究新派武侠小说的艺术成就,那他一定会注重阅读金庸、梁羽生、古龙等名家的代表作和相关的研究资料,并且会特别注重选读自己还未曾掌握的信息材料,而不会去认真阅读琼瑶的言情小说、席慕蓉的抒情诗等。反之,阅读客体筛选力强,同样会使阅读主体自审力相应提高。一个读者阅读的是优等读物,自然会优化其知识结构,并反过来提高自审所需的各种能力。但是有时也不尽然,人们时常听到有读者为他读了某些书而后悔,其原因既不是这些书无价值也不是读者无自审力,而是因为不能把客体筛选力与主体自审力统一起来,这种把二者统一的能力就是阅读主客体黏合力。

四、阅读选择的基本原则

在科技日新月异、知识迅速膨胀的现代信息社会中,面对数量庞大且繁杂的阅读内容,读者一定要擦亮双眼、慎加选择,万不可涉猎太广,盲目浏览,泛滥无归,最后浪费时间和精力却无所得。选择什么来阅读的基本原则其实很简单,那就是:选择价值较高的文本作品进行阅读和学习。这一条基本原则放在不同的领域中皆适用。比如,想要通过阅读来直接解决某个具体的实际问题,那么就需要读一些记载技术性内容的读物,但是因为这类读物中可能存在良莠不齐的现象,所以当然要有所选择,而选择相对来说价值更高的读物来阅读则是保障良好阅读效果和阅读反馈的必要条件。

《如何阅读一本书》的作者莫提默·艾德勒和查尔斯·范多伦指出目前社会中存在两种意义的阅读。第一种意义的阅读是"一下子便能融会贯通了"的阅读,比如阅读报纸、杂志或消遣类读物时,人们不需要调动太多的阅读技巧和心力、脑力,便可以掌握和理解阅读内容,因为这些阅读内容虽然绝大多数是全新的,但是其实质却和人们原先熟知的事物和资料相类似,可以说,它们是一些未超过人们原有理解水平的信息。因为并未对人们原有的理解水平和理解角度发出挑战,这样的阅读对读者来说并不困难,也不费力,甚至可以很轻松地了解到更多的信息。第二种意义的阅读则与第一种意义的阅读不同,它并不是为了获取和读者处于同一水平的信息,而是为了增进读者的理解力和领悟力。而增进理解力和领悟力的阅读必须要以阅读"超出读者现有认知和理解水平"的读物为对象。因为只有这样的读物才有洞见和启发可以给予读者,才能够让读者"有所得""有所提高"。也就是说,只有阅读那些高出自身水准的、具有较高价值的文本作品时,读者才有机会调用更多的思维、情感和智慧去理解,读者的认知结构才有可能被打破进而得到更新。读者在这种双方(作者和读者)水准不齐的阅读和沟通中,理解并学到了更多的事情,因此,这种意义的阅读也可以被认为是一种"学习型阅读"。在这种阅读中,读者间接地提升了自己,获得更高层次的启发。换言之,他从阅读中所获得的理解超越了他原有的理解。一般而言,经典文本作品中由于集合了人类智慧的精华和宝贵的精神财富,而具有相对较高的价值和一定的普适性,对于不同个体的不同发展阶段,经典文本作品似乎都能提供一定的启发和引导,进而帮助人们解除内心的困惑或解决实际的问题。由此可见,上述两种意义的阅读都是人类所必需的,但是从人类进步的理想和超越的本性来看,第二种意义的阅读更值得人们重视,更不可或缺。

选择价值较高的文本作品来阅读,不仅能够帮助人们在接触新领域时"入门正",而且能够帮助人们逐渐习得判断力和鉴赏力。《红楼梦》描写了这样一段内容,香菱想要学诗,黛玉为其指点入门路径,黛玉说:"你们因不知诗,所以见了这浅近的就爱,一入了这个格局,再学不出来的。"在点出香菱"不懂诗歌内涵深浅而入错格局"的毛病后,又直接为香菱提供了一条学诗的阅读路径:"你只听我说,你若真心要学,我这里有《王摩诘全集》,你且把他的五言律一百首细心揣摩透熟了,然后再读一二百首老杜的七言律,次之再李青莲的七言绝句读一二百首。肚子里先有了这三个人做了底子,然后再把陶渊明、应、刘、谢、阮、庾、鲍等人的一看,你又是这样一个极聪明伶俐的人,不用一年工夫,不愁不是诗翁了。"这条阅读路径是按照黛玉心里对诗歌的价值评判标准来排序的,虽然并不是非常全面,但是其"择优先读"、分清"轻重缓急"的阅读方法是十分可取的。在现实生活中,也的确如此。德国思想家歌德就曾特别强调过:"我只让你看最好的作品,等你在最好的作品中打下牢固的基础,你就有了用来衡量其他作品的标准,估价不至于过高,而是恰如其分。"可见,选择一流的文本作品来阅读和学习不仅能够避免初学者误入歧途,还能够培养其正确的鉴赏力和判断力。

价值较高的文本作品对读者的理解力和领悟力构成了挑战,因而大多较为"难读"。也正是在这个意义上,中国当代作家王蒙鼓励现代人多读一些对自己来说具有挑战性的书籍,多读一些自己从来没有阅读过的书籍,多读一些"需要查查资料、请教请教他人、与师长朋友讨论切磋的书"。王蒙指出,真正具有价值的书籍,基本上都是超越一般认识水平的书籍,这类书籍"提高着而不是降低着也不是迎合着大众,其认知水准绝不能比平均认知水准更愚蠢与更低下。文化的大众化利于文化民主,但同时也难免产生文化垃圾。当然还有故作高深的垃圾。"因而它"能够使你发现新领域、感受新天地、寻找更好思路和更高质地,使你接受新的洗礼"。读者应该借由阅读这些书籍来攀登精神的高峰,实现自我的超越。

第二节 感知能力

对于非视障患者和非阅读障碍患者而言,阅读离不开视觉的感知。因此,要想了解和培养阅读的能力,首先需要了解和培养的是阅读的感知能力。

一、阅读感知能力的内涵

在心理学领域,感知是指感觉和知觉的统称。感觉和知觉都是人脑对作用于感觉器官的客观事物的反应和觉察。两者的区别在于:感觉中的反应针对的是客观事物的某一特定属性,而知觉中的反应则是客观事物的整体属性的呈现。客观事物的特定属性与整体属性是辩证统一的关系,因此感觉和知觉也常常交织在一起,不可分割。人们是通过感觉和知觉这两种心理活动来认识大千世界的。阅读也离不开人们的感觉和知觉。

阅读感知能力是指阅读行为中接触文字载体而引起的正确反应的能力。阅读行为中的感知,是一种综合反应。为了获取信息的内容和意义,读者凭借视觉感知器官来识别文字符号,并将接收到的信息传输至大脑,进而在大脑中找到对应的客观事物。在这一过程中,读者以眼睛观看、以大脑思考,以求得对文字内容的正确的反应。

阅读是人类大脑对文字符号的感知过程,在这个过程中,受到感觉特征的限制。感知的特点和规律主要体现在三个方面:一是,感知具有整体性。人脑会将具有不同部分和属性的事物感知为统一整体。由于人们知觉的对象各个部分的强度不同,导致对象的一些部分会被较强的部分掩盖,这使得较弱部分难以被注意到。如,人们读错了字。由于字中的某些部分位于整个字的"弱位",导致人们未能充分关注,这是问题的根本原因。人们在阅读过程中不是逐字逐字去感知,而是通过整体感知。二是,知觉具有选择性。人们在感知的过程中,往往会首先注意并反应出某些对象或特性,而忽略其他对象或特性。个人选择一方面取决于一些客观原因,比如阅读对象的新颖性、颜色鲜明和字体醒目等,另一方面也受到主观因素的影响,比如个人的需求、兴趣和知识储备水平等。三是,知觉具有理解性。这是指人们总是用原有的认知结构来理解当前的知觉对象。在个体的阅读过程中,感知的这三方面特点是同时发生的。

除此之外,阅读要能做出正确的综合反应,应该尽可能地做到感知心理的主观性和客观性的统一。阅读这种心理过程,同人的一切心理现象一样,都是对客观现实的反映。阅读感知心理的客观性,指的就是组成文字载体的词和语法与现实事物紧密联系的物质现象。由于文字载体有概括的特性,又具有约定俗成、社会公认的特定含义,鹿就是鹿,马就是马,是其所是,非其所非,这种认识心理上的同一性,正是由感知心理的客观性所决定的。这种同一性与客观性又一起构成文字载体可理解性的物质基础与社会基础。但是,人对文字载体的感知反应并不是死板的、机械的。对同一文字载体的反应因个人的知识经验、个性、世界观的不同而不同,这就是阅读感知心理的主观性。这种感知心理的主观性,并不意味着可以否定感知心理的客观性,也不意味着可以对文字载体随心所欲地穿凿附会。除了错觉,感知心理的主观性并不是坏事,因为,正是由于阅读行为中对当前的文字载体的每一反应都有过去的知识、经验、个性特征参与其间而起作用,方才保证了读者认识的不断深入。对客观性的认识和尊重,意味着对文字载体这一物质现象所代表的现实事物及联系的认识和尊重;对主观性的认识和尊重,意味着对读者的个性、对读者在认识反应上的主观能动作用的认识和尊重。二者相辅相成,缺一不可。

二、阅读感知能力的作用

(一)感知是一切阅读能力培养的起点

不论是诉诸理性的科学的反应,或是诉诸形象的艺术的反应,都必须以获得感知为前提。没有感知能力,阅读中的理解、想象、思考、评判、表述等能力便失去了存在的基础和发展的凭借。感知有如摄食,如果缺乏摄食能力,当然谈不上消化吸收。感知能力是一切阅读能力得以存在和发展的必要前提;培养阅读能力,一定要从培养感知能力做起。

(二)感知是理解入门的初阶

人们在阅读时,是通过感官来接收和感知文字符号中所承载的各种信息的,在接收和感知了这些信息之后,人脑才能够开始进行下一道程序——思维加工。在阅读过程中,人脑会以不同的方式去感知和思考文字所传达的信息,这些方式都是对文字载体的反应。阅读时的感知是一种比思维更为直观的心理现象,通过感知所认知的只是文字符号作用于感官的形式,而这些只是阅读实践的初级阶段。总体而言,阅读是一种复杂且高级的心理过程,它不仅仅是感知,更是对文字深层内涵的理解。阅读中的思维过程是阅读的高级阶段,它能够帮助人们认识事物本质和内在联系。

通过阅读而获得的认识的发展和一般认识的发展并无不同,同样经历着从简单到复杂、从基础到深入、从感知到思维的逐渐转变。感知虽是最基础、最简单的认知方式,却具有引入更深层次、更高级别理性认知的重要作用,要想深入理解,必须先从感知出发。

三、阅读感知能力的具体要求

(一)具备基础的语言识读和辨析能力

正确理解词意、句意、段意、篇意是基础。第一,理解词意。词是文字载体中最小的意义单位,阅读只能从正确地理解词语在具体语言环境里的含意开始。正确理解词意应该包括实词的词汇意义和虚词的语法意义。第二,理解句意。作者在写作时通常会以句子为基本单位来表达自己的思想和情感,因为只有通过句子才能准确地传达出完整的意味。为了理解文本,读者必须具备正确理解句子的能力。通过分析较长的句子、厘清句子内部的语法关系,能够增强人们理解句子意思的能力。第三,理解段意。段落是文章内容的层次结构外在体现,它由不同的句子组合而成,是文章最基本的构成单位。每个段落都围绕着文章的核心思想展开,并传达了一个相对完整的意思。人们在阅读时,必须逐段领会其意思,然后将这些领会联系在一起,这样才能够准确地理解全文,所以不可不具有正确理解段意的能力。理解段意的关键在于从整体出发、顺着文本内在含义的发展脉络和逻辑脉络把握段落的主旨。第四,理解篇意。篇意就是全篇的思想感情、作者的真实命意。理解篇意应该是在理解段意基础上的进一步发展。阅读文字载体,需要把篇中各段连接起来,综合考察,才能正确地理解篇意。

(二) 具备联系具体语境来识读和辨析语言内涵的能力

读者在辨析语言时不能脱离具体的语境。文字载体是有组织的书面语言系统,它的巨大功能是通过组织有序的书面语言系统而显示出来的。在文字载体系统中,每个词语和每个句子之间都是有机地联系在一起的,正是由于这种有机联系,才导致文本从整体上呈现出丰富多变、灵活开放的状态,这种密切联系的状态与词语和句子单独存在时的孤立静止状态截然不同。很多时候,同样的词语在不同的语言环境中,其所表达的意涵是不同的。大部分词语的感情色彩和语言中的弦外之音,都只有和上下文联系在一起才能正确地显示出来,不致被人误解。只有将具体词语放入具体的语境去理解,才能够正确感知阅读的内容。

(三) 具备将"平面"语言呈现为"动态"形象的能力

文字载体是现实事物的抽象的间接的反映,是"符号"和"代码"式的"外部语言"和"平面化语言",只有通过读者的解读,即"将抽象符号具体化,将间接指代直接呈现",才能够真正实现对这种定型化的符号的正确理解。这就要求读者通过语言的生动状态来激发头脑中的概念和表象,把文字代码变成脑海中的具体形象。这种能力在阅读文学类作品时尤为重要,因为文学类作品大多以形象性的表象活动为主要特点,比较重视艺术价值和审美价值,所以,为了更好地理解和欣赏这类文学作品,读者需要具备通过文字产生想象,进而生动地"唤起直观形象和图景"的能力。

四、阅读感知能力的培养

(一) 从广泛的阅读中培养锐敏的感知能力

在阅读时,大脑对文字符号的反应通常是基于阅读习惯所得出的直觉感受,而非经过深思熟虑后的理性抉择。直觉,本来就是一种特殊的认识活动形式,是一种直接从最初的事实材料达到结果的概括形式。这种直接性的认识能力取决于经验和感受积累的程度。经验和感受只能从实践中来。因此,要培养阅读感知的能力,确乎需要大量的广泛的阅读实践。广泛的阅读具有以下几方面重要性:第一,广泛的阅读可以接触丰富多彩的知识信息,也必然可以开阔视野,活跃思路。第二,广泛的阅读可以接触千变万化的文章形式,也必然可以观摩体制,揣摩方法。耳濡目染,便有可能察觉文章体制大体之所在和变体之所由。第三,广泛的阅读可以接触尽态极妍的书面语言,也必然可以丰富词汇,领会修辞。第四,可以帮助读者获得更多的阅读体验和阅读训练,从而积累丰富的实战经验,进而提升自身的阅读水平。因为不断进行广泛且大量的阅读实践,久而久之,熟能生巧,阅读心理的习惯定势也得以养成,语感锐敏的程度必然日益提高。

(二)掌握从自视文字迅速过渡到感知内容的技能技巧

阅读感知,关键是从文字感知内容。从文字符号过渡到内容骨髓,除了前面阐明的语言辨析的具体要求之外,重要的是善于发现问题和善于解决问题。善于发现问题,即善于发现各类文字表层的个性特征,发现具有辨析价值的文字对象;善于解决问题,即善于发现文字的表层特征和深层内涵的联系渠道以及实质所在。解决问题是在发现问题基础上的一定程度的发展,即要求有所发现之后的有所了解。文字载体应该是表里结合,形神统一的。感知要了解文字的"潜在的深层意思",关键就是要掌握这个个性特点,发现和了解表里如何结合的特定渠道、形神如何统一的内在联系。

(三)丰富自己的生活经验,加强对作品内涵的感知

生活经验的积累是文章写作的源泉,文章是作者生活积累的结晶,阅读文章也可以说是生活积累的经验交流。读者如果与文章中的生活经验有接近或共同的地方,就会产生"似曾相识"的亲切感和共鸣感,感知文本作品的内涵便会更容易些。在阅读过程中,有时会出现格格不入的情况,这主要是因为读者的生活经验与作者的生活经验不一致所引起的。阅读的感知理解和生活的经验积累直接相关,生活经验的积累意味着阅读感知能力的提高和丰富,正如"初闻不知曲中意,再闻已是曲中人"所表达的一样,以不同的阅历背景去体验同样的事物,结果也是不同的。因此,为了更好地、更深入地感知文本作品,读者最好有意识地丰富自己的生活积累和生活阅历。

第三节 理 解 能 力

一、什么是阅读理解能力

著名哲学家冯友兰先生在《我的读书经验》一文中将自己八十年的读书经

验总结归纳为四点:一是,精其选,把书分为精读的、泛读的、翻阅的三类处置;二是,解其言,凭工具书攻破古今中外的语言;三是,知其意,弄懂字里行间,得其"弦外音、味外味";四是,明其理,用读者的意去补充、纠正作者的意,弄通客观道理。其中,第三条"知其意"便是要在文字之上体会它所承载和蕴含的精神实质,所需要的就是阅读的理解能力。

理解能力是诸多阅读能力中最为核心和关键的一个方面。所谓阅读的理解能力就是读者在感知语言文字符号的基础上,对阅读对象所内含的主要思想进行消化和吸收的能力,换句话说,阅读理解能力就是读者运用已有的知识结构和认知积累,通过揭示和提取词、句、段、篇所表达的意义,去构建与阅读对象之间的联系。它是一种超越识读文字、词句层面的阅读能力,是走向并达到与文本内容在精神层面融合沟通的一种阅读能力。

阅读理解能力在阅读实践中至关重要。这是因为读者的阅读实践能否取得预期的效果,直接取决于读者是否能够真正地读懂文本作品,是否能够准确地把握住文本作品的中心思想和深刻内涵。除此之外,在阅读实践中,诸多阅读环节,如选择读物,感知文句,激发想象,欣赏文质,评价好坏等,都要以准确地理解阅读对象的内容和形式为基础。

学者王继坤在《现代阅读学教程》一书中指出,阅读理解能力主要涵盖六大方面:首先是对词语含义的理解能力,其中包括熟悉词语的本义、引申义、比喻义、转化义等词义演变方式以及词性变化引起的词义变化。其次是要具备根据具体语境理解词语含义的能力,这要求读者具备能够通过上下文及整篇文章的内涵去解读词汇的意思。再次是具备抓住段落内关键词语的能力。从次是抓住文章中的中心句的能力,理解每个段落的主旨,并从中总结出段落的意义。然后是要掌握段落之间的关系,理解文章的中心思想,总结归纳能力。最后是领略作者风格并学习文体写作技巧的能力。可见,阅读理解能力呈现为一个由词句扩展到篇章、再由篇章聚焦到精神主旨的过程,也就是说,理解词、句、段、篇的目的是为了把握阅读内容的中心思想。

二、阅读理解能力的作用

(一)有助于正确把握文本作品的主中心思想

能够被人们所阅读的文本作品,基本上都是以有机统一体的形式呈现的,其目的是以逻辑化的文字内容表达一定的思想道理。而读书明理,一定要过词、句、段、篇四道关卡。顺利通过这四关,便能够懂得字面意思、提取"潜台词"、把握文本作品内容的联系照应和结构层次等,进而真正理解文本作品的主要精神实质。无论是阅读以叙事抒情为主的文学作品,还是阅读以求真明理为主的科学著作,"求懂"——对文本作品内容的深度发掘和中心思想的准确把握——都是其基本功。而"求懂"必须依赖于理解能力才能够实现,单纯凭借阅读感知能力是无法达到的。虽然有时候,文本作品内容的丰富性和复杂性,会导致不同读者对文本作品的内容和中心思想的理解出现分歧,但是,为了解决分歧,使文本作品的中心思想与作者写作的意图基本一致,还是要依靠正确的理解去纠正不正确的理解。

(二)有助于厘清文本作品的结构线索

呈现在文本作品中的结构层次或情节线索是极为丰富多彩的,比如叙事类作品,从总体上看,有连环套扣式、曲径通幽式、蛛网伸展式,有对立相成式、三水并流式、写此注彼式,也有双桥并架式、画龙点睛式、金龙绕柱式,等等。从具体环节看,开头结尾、段落层次、过渡照应都各不相同。要厘清它们,首先就得理解它们。结构线索虽然是形式因素,但它总是为表现一定内容服务的,绝对没有离开内容而孤立存在的结构线索。作者将对客观事物的认识过程转化为思路,并依据思路的线索,编排文本作品的结构。因此,通过厘清文本作品的结构线索,便可以理解作者认识事物的过程和思路。厘清结构线索,要求读者不仅具有谋篇布局的结构知识,更重要的是要有理解事物、事理构成与变化的能力。

(三)有助于正确分析文本作品的表现手法

文本作品的表现手法多种多样,常见的有记叙、议论、抒情、描写和说明等。仅就描写手法而言,就可细分为直陈描写、点染描写、意象描写、比较描写、比拟描写、暗示描写等多种形态,每一种形态又细分出不同的表现方式,因此,一部文本作品可能会采用多种不同的表现手法。正确分析表现手法,既要看到作者在手法上的匠心独运与机智,更重要的是要看这种手法是否充分贴切地描写出了它的对象。要透彻地揭示手法与生活的关系,创造与继承的关系,没有一定的阅读理解能力是不可能做到的。

三、阅读理解能力的具体要求

既然阅读理解的目的是通过理解词、句、段、篇的意思,从而把握阅读对象的思想内涵和精神实质,那么读者就不得不面临一个问题:怎样通过语言、结构、手法等形式因素把握文本的中心思想呢?

首先,要善于抓住关键性词句,把握住段落的中心意思。组成文本作品的最基本的单位是词,而词又组成完整的句子,句子又进一步组成完整的段落。每当阅读时,读者需要先通过提取词语、句子和段落的意思来准备理解文本作品本身的内涵。每个段落都必须独立传达完整的意思,而这个意思的呈现总是按照逻辑顺序逐层展开的。要理解段落的意思,必须了解其内部的结构和表达方式,段落的组织方式决定了内容的呈现形式。一般情况下,了解段落内部的逻辑结构,就应该掌握各部分内容发展之间的转折点。文章的结构往往遵循一定的逻辑顺序,不同层次之间的转变往往呈现出明显的分界线,这一分界线通常代表着内容发展的转折点。因此,只有精准地捕捉表达内容演变的临界点,才能够真正理解其内部层次结构的核心。段落中通常有一个中心句,它表达了全段的核心和关键思想,其他句子则围绕这个中心句从多个角度对文章的内容进行解释。段落中心思想的表达通常通过中心句来实现。正确掌握段落中心句在阅读文章时至关重要,它有助于理解文章内容。找到中心句并不难,它有规律可循。一般来说,中心句有三种形式:一是"首括式",即中心句在段落开头处出现,出现在开头的中心句简要地总结和揭示了本段内容,随后的内容则是对这一中心句的详细介绍和分析;二是"尾结式",即中心句出现在段落结尾处,起的是总结内容和升华情感的作用;三是"中领式",即中心句出现在段落中间,中心句之前多为铺垫,而中心句之后多为解释。

其次,要具备"知人论世"的能力。孟子在谈到如何正确理解《诗经》时,提出了"知人论世"的理解原则。他认为,要真正透彻地理解一部文本作品,"知其为人"(了解作者的为人风范与道德情感)、"论其世"(了解作者所处的时代背景)是十分必要的。这是因为大多数时候,文本的原意与作者的意图是一致的,或至少是密切相关的。因此,只有在充分了解作者和作者所处的时代境况的前提下,才能真正准确和完整地把握文本的内涵,才能使读者对作品的感受与体味更加深邃。为了更好地理解文本的深意,读者在阅读过程中,需要结合文本背后的"人"和"世"来捕捉文本的精神内核。

最后,要懂得运用推理与判断等逻辑思维方式来把握文本作品的核心精神。想要了解事物的本质,唯一的方法就是分析,而推理和判断是分析的主要思维方式。推理,是对事物之间各种联系的必然性的思考,只有通过推理才能揭示这些必然性,进而认识事物的真正本质。判断则是对事物的存在做确定性思考,是对事物属性的规定性思考。如果对事物的真实性存在都模棱两可说不清楚,对其属性没有清楚的认识,那根本谈不上理解它们。总之,理解文章与作品的内容,只有用推理的逻辑思维方式来分析内容的各种必然性,用判断的逻辑思维方式来归纳文本内容,才能够正确地理解它们的精神实质。

四、阅读理解能力的培养

(一)提升自身知识储备和经验阅历的广度和深度

读者阅读理解能力的高低,与其自身的知识储备和经验阅历的广度与深度有着密切的联系。一般来说,读者知识储备的多寡与其阅读理解能力的高低是成正比的,读者的知识基础越扎实,知识储备越丰富,其理解能力就越强,阅读效果也就越好。但是,除了知识储备之外,读者自身的经验阅历也是影响其阅读理解能力的关键因素。没有一定的经验阅历作为前提,即便知识储备达到了一定程度,读者仍然无法透彻地理解文本作品的深度内涵。比如,有时候,明明读者已经具备了读懂某一部文本作品的知识,但仍是读不懂这部作品,这是因为读者自身并不曾亲身经历文本作品中所表述的事件,所以即便读者能够领会文本的字面意思,也无法体会到作品的深意,更不能让作品的精神力量在心中生根发芽。作者在文本作品中通过语言将他们自己的经验传递给读者。读者通过作者的文本作品,获得了作者的经验。文本作品就像道路上的信号灯一样,如果不理解"红灯停、绿灯行"的意义,就无法正确驾驶车辆;同样,若不理解语言的意义,也就无法理解文本作品的内涵。然而,对于没有驾驶经验的人来说,尽管他们了解信号的含义,但在十字路口仍然感到手足无措。驾驶员除了需要了解交通信号的意义外,还必须具备丰富的驾驶经验。读者不仅需要了解语言的字面意义,还需要结合自身经验来解读语言表达的真正含义,否则将无法真正理解文本作品的内涵。阅读理解能力的两个主要支柱是语言和经验,语言是代表物,经验则是被代表物。

(二)阅读大量分析评论类文章,吸收有效的经验来理解作品

理解的直接经验较为丰富,固然对培养阅读理解能力具有决定性意义,但仅凭借于它不断提高理解能力是有局限的,因此还得借助于丰富的间接经验,这就是主张广泛阅读别人的分析评论文章的缘故。为什么要专读评论文章?因为这类文章正是别人理解文本作品能力的一种高度结晶,从中读者可以学习别人分析问题的角度与层次、出发点与归宿点、全面性与深刻性等等,可以学习别人综合归纳问题的各种方式,特别是那些具有独特性的综合分析更应好好琢磨。总之,从宏观上看,可以学习别人理解事物的立场、观点与方法;从微观上讲,可以学习别人在具体问题上的具体分析。阅读别人的评论文章时,还应重视阅读有争议的文章或作品的分析评论,对照自己阅读理解的结果,从中找出理解上的差距。根据外因通过内因起作用的原理,将阅读理解的间接

经验转化为阅读理解的直接经验,最好的方式是将自己的理解与别人的阅读理解进行具体比较。在了解彼此理解不同的具体表现基础上,追根溯源,求得产生不同理解的各种原因。这种比较思维,印象特别深刻,因而对于培养阅读理解能力最为有效。这样易于发现自己理解上的弱点,弥补理解上的不足,从而迅速提高自己的阅读理解能力。

第四节 思考能力

一、什么是阅读思考能力

所谓思考,是指个体能够进行的分析、综合、抽象、概括、比较、归纳、演绎等思维活动。所谓思考能力,是指一个人在社会生活和学习过程中,遇到一些难以解决的问题时,能够极佳状态地发挥思维活动的能力。可见,思考能力的核心正是个体对思维的灵活运用能力。

思维是一种高级的认识活动,它是人脑对客观存在的事物的间接性反应和概括性反应。其中,间接性反应是相对于感知而言的,感知是人脑对客观事物的特定属性的反应,而思维对客观事物的反应则复杂且高级得多。思维所处理的内容并不是客观事物的表象,而是透过层层表象把握事物的本质属性和内在规律。概括性反应同样是一种高级的人脑反应。科学研究领域中常见的概念、定义、定理、公式、规律、法则等理论均是思维概括性反应的结果。唯有通过思维的间接性反应和概括性反应,人们才能够超越感觉、超越现象,触摸到客观事物的本质和规律。思维的这两种反应必须依靠语言才能够实现。

《普通逻辑学》一书指出,思维的特征包括概括性、间接性以及与语言的密切关联性。思维的概括性是指,思维可以忽略具体事物的表面属性,而直接抓住一类事物的共同本质属性。例如,植物之间存在着许多不同层面的区别,但是抽象地说,它们都有自己的特征和共同点。思维的间接性是指通过推理能够认识到那些不能直接感知的事物属性,并进而揭示事物的本质和内部联系。例如,人们可以通过推理认识那些使用天文望远镜或高倍显微镜也无法直接观察到的天体或微观粒子的属性。思维与语言紧密相连,思维需要语言来表达客观世界。研究结果表明思维过程必须依赖语言,缺乏语言的情况下无法进行抽象思维。此外,人类的思维活动和思考成果都必须通过语言表达出来,纯粹的、脱离语言的"裸露思维"是不存在的。所以,个体只有通过阅读文本,才有可能进行思维性分析。

阅读与思考的关系非常密切。在阅读过程中,同样存在着如何积极发挥思维状态的问题。阅读过程首先是由识别文字符号开启的,但是识别文字符号的过程只是理解文本作品内容的第一步,仅仅依靠识读文字还不足以深刻地领悟文本作品的实质。因此,会出现这样一种情况:面对同样的一本书,有的人能读出书中的深味,并能够将书中精华"为己所用",而有的人读了之后,完全不知其味,即便把书上的词句背得滚瓜烂熟,也并没有学到任何改变认知或用于实践的内容。他们之所以无法从阅读中取得理想的效果,原因就在于他们并没有认真地动脑筋思考。俄国批判现实主义作家、思想家列夫·托尔斯泰曾说过:"知识,只有当它靠积极的思维得来而不是凭记忆得来的时候,才是真正的知识。"这就是说,有无积极的思考,是能否获取知识真理的关键要素。所以,唯有思维活动参与,读者才能够从阅读的浅层次进入阅读的深层次。如果一位读者在阅读时,只是识读文字,而不积极地进行相应的思维活动,那么很有可能"一无所获"。反之,如果一位读者想在阅读实践中获得深入透彻的认识,那么就必须要善于思考,善于利用思维的力量。因为只有通过积极的思考,把一页页书好好地消化,并得出思考性的结论,这才是学到很多实用东西的诀窍。可见,阅读思考能力乃是"读书之要"。

阅读是否有成效与读者的思考能力息息相关。阅读与思考的关系,早已被历代学者所认识和强调。孔子认为学习(阅读)与思考同等重要,一方效用的发挥必以另一方为基础,他说:"学而不思则罔,思而不学则殆。"宋朝学者朱熹继承了孔子的这一理念,他指出:"学便是读,读了又思,思了又读,自然有意。若读而不思,则不知其意味……若读得熟而又思得精,自然心与理一,永远不忘。""大抵观书,先须熟读,使其言皆若出之于吾之口;继以精思,使其意皆若出之于吾之心,然后可以有得耳。"清朝学者王夫之也说过:"致知之途有二,曰学,曰思。"清朝著名学者焦循同样揭示了用心思考对阅读和学习的重要性,他说:"学贵善思,吾生平最得力于'好学深思,心知其意'八字。"关于阅读与思考的关系,人们对此有很多深刻的看法,例如"学而不厌,思而不倦""熟读深思,行而不迷""学识广博,思考谨慎""精读细细钻研,深思熟虑"等等。这些观点都准确地表明了学习和思考、阅读和思考之间密不可分的联系,都强调将阅读和思考有机地结合在一起。

阅读与思考密切相关,两者相互促进,相辅相成。高品质的阅读需要读者具备良好的思维能力。良好的思维能力主要具有以下三种特征:首先,思维能够达到一定的深度和广度。它善于从全局视角把握问题,能够精准地抓住事物的关键要素和发展规律,因而也能在一定程度上准确地预测事物的发展走向。其次,良好的思维能力一定是敏锐且灵活的。它能够迅速提出正确解决问题的办法,果断决策,不拖泥带水,并能够凭借普遍原则和规律,灵活地解决问题,既不受约束于教条,又不固守成见。最后,良好的思维能力一定是独立的。具有良好思维能力和思维品质的个体,在阅读过程中遇到新观念和新思想时,一定不会采用盲目接受的姿态,而是会通过辩证思考、怀疑比较才会做出判断和决策。

二、阅读中常用的思维形式

如同其他事物一样,思维也是内容和形式共同构成的整体。思维内容是指思维所表现出来的具体事物,包括事物本身、各种情况、事物之间的外部和内部联系。人脑需要运用不同的方法来反应不同的思维对象。人们使用概念来描述和理解各种不同的事物。人们通过判断来确定一事物是否具有某一属性以及与其他事物之间是否存在某种关系。只有通过推理,人们才能通过已知事物的情况来了解未知事物。不管思维活动多么复杂,它基本上都是基于概念、判断和推理这三种基本思维形式的实际应用。

基本的思维形式包括概念、判断和推理,它们之间不是彼此分离的,而是互为补充、紧密相连的。概念是构成判断和推理的基本要素,也是最简单的一种思维形式。简单判断由若干概念组合而成,而复合判断则是由多个简单判断构成的。简单地说,确定内部概念之间的联系方式就是确定简单判断的结构。将内部判断和判断之间的联系方式整合起来,形成复合判断的结构。推断的结构在于内部判断与前提之间的联系方式。不同内容的思维方式可能具有相同的逻辑形式。因此,思维的内容虽然会影响到思维的逻辑形式,但二者又具备一定程度上的独立性。思维可以包含极为丰富的内容,但在逻辑形式方面的选择却是受限制的。实际上,任何具体判断或具体推理,都有一定的逻辑形式。任何逻辑形式都由两部分组成:不变项和可变项。逻辑不变项是用来表示判断或推理形式中各个部分之间联系方式的语词或符号,其意义在不同情境下始终保持不变。思维逻辑形式的区别主要是由不变项的差异所决定的。不变项被用来表达判断或推理内部各部分之间的联系方式,而这种联系方式实际上就是思维形式的结构。

三、阅读思考能力中的主要类别

(一)分析和综合

分析是一种通过将研究对象和研究现象拆分成诸多部分,然后"各个击破",进而把握其本质的方法和过程。通过细致的分析,人们可以从事物构成的各个组成部分、要素的性质和特点入手,从各个角度、个别特征来深入了解事物的本质和规律。人们在接触较为复杂的事物时,通常会感到晦涩难懂、模糊不清、困难重重。事物内在的复杂性使得人们很难立即洞悉其本质。只有透过对事物的各个组成部分、不同属性和特征来进行分析、研究、辨识,人们才能够获得相对准确的了解和把握。人们可以利用定性分析、定量分析、因果分析、比较分析、分类分析、系统分析等多种方法来进行分析。阅读一篇文章时,理解其核心内容的关键在于逐段甚至逐句分析。读者在阅读过程中,需要灵活运用不同的分析方法,因为不同学科、不同特点的文本作品需要不同的解读方式。在学术研究中,针对提出的问题需要仔细阅读,并通过深入思考和推理的方法来寻找解决方案,这时就需要运用因果分析的方式来回答问题。在研究一本图书时,可以将其视为一个系统,然后根据章节将全书内容划分为多个子系统,从而分析各部分要点或论点之间的逻辑联系和论证过程,这就是系统分析方法的应用。通过系统分析,首先理解书中的观点,其次搞清楚各个观点之间的关系和系统性。

分析是将整体拆分成部分进而逐一研究,因此它着重于部分,而缺少对整体的认知。为了弥补这一不足,就需要运用综合的思维方式。综合的思维方式与分析的思维方式相对,它是将研究对象的各个部分联系起来、组合成一个整体,各个部分被统筹到一个统一体中,从而更能够从全局的角度把握事物的本质和规律。综合的思维方法并不是研究对象的各个部分或各个要素的叠加,而是从整体上把握事物的一种方法。比如在阅读一篇文章时,读者可以对各个段落进行分析,了解各个段落的内容,但是不应该止步于此,应该在分析之后将各个段落的主要内容综合起来思考,只有这样,才能够理解整篇文章的内容。由此可见,阅读的综合方法应当在分析的基础上进行。例如把一部书的各部分、各章节透彻分析之后,要把各部分、各章节以至各段的内容要点加以整理,联成一体,使所学的知识融会贯通。这恰恰符合孔子所说的"一以贯之"。综合的过程可以使人的认识从个别向一般转化,可以超越原有的认知维度,从而获得更具有普遍意义的认识。

分析和综合这两种思维过程是密不可分的,它们虽然互相对立,但实际上却构成了一个相辅相成、相互依存的辩证统一体。分析是在综合统领下的分析,综合是以分析为前提的综合。如果只看到局部,而没有考虑整体情况,那就像是只看到树木而忽略了整片森林;而如果只考虑整体情况,而没有看到局部,则是只看到一片森林而不见树木。这两种将分析与综合拆分的情况均不能对事物产生全面而深刻的认识。阅读不仅是对文字的简单阅读,更是一个对内容不断深化认识的综合分析过程。当读者阅读一部文本作品时,首先要将阅读的内容分成几部分,然后细致地分析每一个部分的主旨,随后,运用综合的思维方法将这些分散的部分统合在一起,做出全局的理解和判断。实际来看,阅读的基本过程是持续进行内容分析和综合的过程。只有通过多次深入地分析和综合,才能真正领会阅读内容的内涵、核心观点和思想精髓。这一过程被中国现代数学之父华罗庚教授总结为读书"从薄到厚,从厚到薄"的过程,他说:"一本书,当未读之前,你会感到,书是那么厚。在读的过程中,如果你对各章各节又作深入的探讨,在每页上加添注解,补充参考材料,那就会觉得更厚了,但是,当我们对书的内容真正有了透彻的了解,抓住了全书的重点,掌握了全书的精神实质后,就会感到书本变薄了,愈是懂得透彻,就愈有薄的感觉。"

(二)抽象与概括

分析与综合的高阶形态就是抽象和概括。抽象是一种思维方法,它通过分析将客观事物的本质属性和非本质属性加以区分,从而去除其偶然的非本质属性,提取出必然的本质属性。人们对事物进行多次分析后,便可抽象出它一般的、本质属性来。

在阅读过程中,为了真正理解和掌握知识,就不能停留在表面、笼统的认识,而是要对事物的各个方面、要素、特征进行深入的分析和研究,才能够揭示事物的本质属性和内在联系。要掌握社会科学和自然科学文献中的关键内容,必须了解它们是如何被抽象出来的。只有准确理解书中所描述的抽象概念、定律、原理和规律,才能够正确地进行分析、判断、推理,进而得出结论。

此外,人们还可以将抽象推断出的本质属性联系在一起进行考察,从而得出结论,形成概念。人们一旦对某一事物形成了规律性认识,便可以将其应用于类似的事物当中,举一反三、触类旁通。这种能够让人们的认识更加丰富和深刻的实践就是概括。简单来说,概括就是将同一种类事物的共同属性总结和提取出来,并用恰当的语言表述的一种思维方法。概括的过程是将个别事物的本质属性推及为同类事物的本质属性,这种思维过程被称为从个别到一般的认识过程。用概括的方式来赏析文艺作品可以将作者所描绘的个别事物提升到一般层面,由感性认识扩展到理性认识,从原始属性拓展到更广泛的范畴,通过对人们共同情绪和情感的总结来唤起读者的共鸣。

抽象和概括,同分析和综合一样,也是互相依存和密不可分的。抽象和概括共同以比较为前提,通过比较,可以明确地了解事物的各个部分的区别和联系,只有在比较的基础上,抽象和概括才能够顺利进行。需要强调的是,通过对个体特征进行提炼和总结,可以将认知拓展至同类事物的特征,帮助人们增进认识事物的准确性、深度和全面性,同时拓展了人们的思维。读者在阅读时,需要注意培养的是思维抽象和总结概括的能力。人们对事物的认识通常具有具体性、直观性,需要遵循从具体到抽象的规律,通过分析事物的外部特征进行概括和抽象,揭示事物的本质属性及内在联系,将感性认识提升为理性认识,形成各种抽象概念。

(三)归纳与演绎

归纳是根据已有的大量实际情况,总结出一般性规律的思维方式,也就是由个别到普遍的思维方式。在人们日常的学习和阅读生活中,归纳法发挥了重要作用。归纳法可以通过寻找相同点和不同点来深入分析各类知识、概念、定理以及事物本质。通过比较异同,人们能够更加全面地认识这些现象和事物的特点,从而将零散、杂乱的知识内容整理有序,提升阅读的效率和效果。通过将知识按学科内容分类并列入列表和提纲中,可以清晰地展示出知识和事物之间的内在联系和相互关系。这一过程是将知识系统化、逻辑化的过程。

演绎法是一种从一般到个别的推理方法。它与归纳法相对,是从已知的基本原理出发来研究特定现象,推导出关于该对象的结论的一种方法。通过推理和推导,从先前已知的公理、定律和理论出发,可以得出许多新的结论。通过逐层推理并持续追寻下去,往往会带来意想不到的发现和创新。如果最初的前提是准确的,那么得出的结论就会是正确的;相反,如果最初的前提是错误的,那么得出的结论必定会是错误的。由此可见,演绎推理的结论受制于最初的前提。

四、阅读思考能力中的核心要素

引起思考的最好办法,就是多问几个为什么。阅读中的思考是围绕着问题而开始的,可以说,阅读思考能力中的核心要素是"怀疑"。所谓怀疑,是通过猜测、分析、论证、推断,对书本的内容有意识地找出一些疑点或探索点,并进而寻求解答。正确的怀疑能够避免读者"读到什么就盲目相信什么"的弊端。

为了获得真理,人们在阅读过程中必须进行怀疑,究其原因,就在于:人们的阅读对象——以书籍为主的文本作品,是前人或同代人经过实践、研究后发现的真理及各种规律性的总结,是一定时代的人对客观事物进行认识的成果,是该时代的人认识水平的反映。但人的认识的真理性是相对的,认识不可能一次完成并绝对正确。即使是知识,也需要不断发展和更新。更何况,由于历史的局限性,前人或同代人所写成的文本作品里还可能存在不少谬误。所以,人们在阅读时,不必完全重复前人或同代人走过的道路,也不必将自己的大脑变成"别人思想的跑马场"。有效的阅读绝对不是"生吞活剥式的",即被动地接受阅读内容,并机械地将所读内容原封不动地记忆下来,而应该是"发现创造式的",即对所读到的内容进行识别、筛选、论证、评价、改造,进而有序地将其嵌入和整合到原有的认知体系中。而这种"发现创造式的阅读",一定是由怀疑开启的。

这里,需要特别说明两个问题:一是强调阅读要善于怀疑,并不等于说阅读要怀疑和否定所有已知结论。如果一个人怀疑和否定现存的所有认识成果,那么他将无法生活,因为任何生活都是建立在一定的确定性的基础之上的。对任何事物不加区别地怀疑和否定,这种做法既不明智,也不现实。而"学贵有疑",是提倡读书要养成多思的良好习惯,提倡读书能发现疑点,进行创造性的思考,其目的是对原有知识有所纠正、有所补充,从而以新的发现去推动科学知识的发展。这也是人们在发挥怀疑性思考因素时所必须遵循的原则。二是,怀疑是获取知识、探索真理的重要途径,却并不是学习和阅读的终极目标和最后归宿。学习和阅读的终极目标和最后归宿在于获得真理,而获得真理的必然步骤便是怀疑。怀疑只是阅读的手段,它能够帮助人们在阅读中找到真理。如果一个人在阅读时,只顾着不停地提出问题,而不懂得深入思考并寻求解决问题的办法,那么,这个人将在阅读中一无所获。可见,怀疑并不应该被看作终点,它只是一个起点,这个起点帮助人们发现问题,为人们进行深入的探索指明了方向。因此,人们不应该停留在怀疑这个层次,更应该继续追问,在探寻真理的路上越走越远。

第五节 评鉴能力

一、什么是阅读评鉴能力

面对一部好的文本作品时,读者应该积极主动地去阅读。阅读实践不应该停止于仅仅理解文本作品所表达的内容层面上。完整的阅读实践必须由评论和判断来完成。而对文本作品进行评论和判断所需要的能力就是阅读评鉴能力。

阅读评鉴能力是最高境界、最高层次的阅读能力。它是指读者在全面、深刻地理解文本作品内容的基础上,对文本作品内容、形式的优劣进行鉴别和欣赏的能力。它是较高层次的阅读能力。阅读评鉴能力并不是简单地理解文字,而是体现了读者对作品的品位和对艺术的理解,通过分辨作品的好坏并从中获得乐趣和享受,与此同时,读者的情绪也会激动起来,与文本作品的情感产生共鸣,获得美的享受。所以,评鉴过程是一种情感活动和认识活动相互交融的心理过程。阅读评鉴能力对阅读主体来说不是可有可无的,它直接关系到阅读的质量和效果,必须给予高度重视。首先对文本作品的形式、内容的高下、精粗等进行区别,然后对它的内容、性质、价值、精确性、真实性、审美性等做出判断与评价。它是比欣赏更高一层次的能力。在评价文本作品的价值时,既要把文本作品放到一定的历史背景中去考察,又要以现实的、发展的眼光做出评价。既可以评价文本作品的整体,也可以评价其中的某一部分。

具体而言,阅读的评鉴能力实际上内含了两个部分:一个是阅读鉴赏能力,另一个是阅读评判能力。阅读评判能力,是读者在理解和欣赏文本作品的基础上,运用理性对文本作品进行评价和判断的能力。阅读鉴赏能力并非简单地识读和理解文字符号,它是一种相对于理解能力而言更高级的阅读能力。阅读的鉴赏能力体现了读者对作品的品位和对艺术的理解,通过分辨作品的好坏并从中获得乐趣和享受。鉴赏性阅读是读者审美意识的体现,是读者认识、情趣、爱好的具体表现,是读者阅读时的"再创造",有其社会功能和社会价值。所有具有鉴赏价值的文学作品和自然景色,都可以被评定和评论。有一些文本作品,例如科学研究报告和实用性很强的文章都具有很高的价值,但是它们的欣赏性却不是很强。就以科技读物而论,通常来说,这些读物语言准确朴质,逻辑严密,注重科学性和真理性,重视数据和证据的准确,读者阅读这些读物基本上都是为了学习科学知识、获得客观真理,因而他们通常不会以欣赏的姿态去阅读这些读物,更多的是运用理性来审视这些读物。同样的,诸如公文布告、会议纪要、情况说明等应用类文本,读者也很难采取欣赏的态度。就阅读本身而言,评判过程是要建立在对文本作品的欣赏之上的,而对文本作品的欣赏也需要评判的指导。鉴赏与评判紧密相连。这两者均是对文本作品的认知和评价,只不过鉴赏通常是一种体现艺术思维的认知活动,带有较强的形象感和直观感。而评判则是一种理性思维活动,其重点在于对事物进行分析、评价和判断。因此,从鉴赏到评判,就是一个从感性直觉上升为理性判断的过程。

二、阅读评鉴能力的基本要求

(一)要求读者的思维具有独立性和创造力

每个人在阅读过程中均应该根据自己的理解水平,独立地思考和解决问题,不要盲从他人,也不要被外部的因素所左右,这些外部的因素包括压力、假象、世俗偏见等。任何观点和决策都应当充分考虑实际情况,都应该是经过了冷静思考和科学分析后才做出的结论。那些拥有独立思维的人很少依赖其他人,他们也不会轻易受到群体意见的影响。这种独立性思维常常能够在科学家身上看到,他们通常表现为一种怀疑态度,例如著名物理学家爱因斯坦在进行科学研究时,不会妄下结论,也不会被感性的好恶所左右,而是运用理性思维独立地对研究对象进行探索和判断,因此他所提出的结论都是具有一定的真理性的。

质疑态度在阅读中是非常重要的品质,只有敢于怀疑才能顺利地解决问题,才能扩展新领域、发现新思想。敢于超越已知知识范围,不受书籍观点或权威理论限制的创造性思维,是在原有基础上实现的进步和创新。通过阅读研究,人们能够产生新的观点和见解,提出富有创意的成果。为了在阅读领域取得重大的进步,读者必须具备开拓创新的精神,摒弃对书本和权威著作的盲目崇拜,并通过广泛而深入的阅读和思考,获得正确认识世界和改造世界的能力。

(二)要求读者具备高尚的道德观和高雅的审美观

道德观是社会中规范人际关系和个人与社会关系的准则的总和。道德属于意识形态范畴。它通过道德观念来审视人们的行为,并改善人际关系,引导阅读活动。

所谓审美观是指在欣赏艺术作品或自然景观时,欣赏主体因其自身所特有的认知、感知和文化传统等因素所形成的一种独特态度和见解。美学具有时代性、民族性、独特性等特点。它是人们对社会的认识与价值观念的表现,与其他价值观念如道德观念等有着密切的联系。高尚的审美观可在阅读中发挥重要的作用,它可以帮助人们辨别、筛选和欣赏作品。首先,崇高的审美观可以帮助读者分辨客观读物的优劣、真伪、正误和善恶。其次,筛查意味着有针对性的选择。读者通过鉴别,可以对图书进行进一步的筛选,以便找到最符合自己需求和品位的书籍。在选择书籍时,读者总是根据自己的高尚审美观来挑选那些有益于知识增长、陶冶性情的好书,这体现了读者的审慎。这种筛选与阅读活动的阅读结果直接相关。最后,赏析意味着欣赏和分析读物。读者在阅读中的审美观念起着至关重要的作用。不同的读者对一部文学作品在赏析过程中会有不同的观点和解读。不同的结论明显展示出道德观和审美观之间的不同。通过这些可以看出,读者在阅读过程中,如果具备高尚的思想境界,就会拥有见识、毅力、耐力等优良品质。正因为具备了这些优秀的阅读品质,读者才能不断地实现自身思想境界的飞跃。

(三)要求读者能够善于借鉴他人意见,提升自己的评判能力

通过阅读其他人的优秀评论和意见,借鉴他人的经验,不仅可以纠正自己的片面观点,还有助于培养和提升阅读的评判能力。

白居易曾在《与元九书》一文中说过:"凡人为文,私于自是,不忍于割截,或失于繁多,其间妍媸,益又自惑。必待交友有公鉴无姑息者,讨论而削夺之,然后繁简当否,得其中矣。"意思是说,人们在写文章时,难免会犯"自以为是"的错误。他们常常认为自己的文章已经写得很好,似乎没有地方需要提升,因此在修改时便无从下手。而通常这样的文章很容易因为过于烦琐而显得无味。面对这种"看不出自己文章有毛病"的情况,最好的解决办法就是找来另一个具有鉴赏能力的人帮忙修改。这一道理同样适用于阅读评鉴领域。人们在评鉴文本作品时常常会受到自身素养、喜好、心境、阅历等方面的影响,因而也就很容易做出"有失公允"的评价。因此,人们应该有意识地避免这种过于主观的评鉴方式。在评鉴过程中,应该多参考其他优质评鉴作品的内容,取长补短,否则,就容易主观片面,凭个人兴趣爱好来评判别人的文章,就犯了评鉴的大忌。具体的做法是:当自己的评判意见用文章的形式(或口头语言的形式)表达出来之后,受到别人的反对或批评,应仔细思考,认真权衡,看其有无合理的内核和正确之处,然后再来修改自己的评判文章。当然,阅读他人的评论文章,就有一个批判吸收的问题,应该去其糟粕,取其精华,为我所用,目的就是要培养和提升自身的阅读评鉴能力。

三、阅读评鉴的技巧与方法

(一)在充分理解的基础上进行客观评判

理解是客观评判的必要前提。因此,在对文本进行评鉴之前,需要对文本作品进行反复的阅读和仔细的研究,以确保能够正确地理解其精神内涵。如果在评鉴前缺少理解这一步,评鉴者所给出的评鉴多半不可信。为了更准确地理解和评鉴文本,读者需要对文本展开细致的精读。这是因为很多有价值的书籍,尤其是那些经典类书籍,通常需要被阅读很多遍才能够体会其深意。所以,读者在阅读,尤其是在阅读一本好书时,在说"我懂了"这三个字之前,应该进行慎重考虑。只有在读者对某一文本的内容有足够的理解和觉知时,读者才具备了客观评鉴该部作品的前提条件。

(二)评判要有理由

当读者与作者意见相左时,应当理性地进行论述,避免陷入无意义的争

辩中。

在阅读评鉴的过程中，有一种现象需要人们警惕。这种现象就是人们为了输赢而辩论，却遗忘了辩论的最终目的是探寻真理。当人们为了获胜，或者说为了获得"自尊心和虚荣心"而与他人进行辩论时，他们常常会偏离主题，或是揪着无关紧要的小细节不放，或是陷入"以偏概全"的错误认知中无法自拔。总而言之，他们与人辩论大多只是为了获得情绪上的慰藉，却对真理不屑一顾。然而，只有当这些人认识到要在辩论中取胜必须先学到知识，而不是把别人打败，才会明白无意义的争辩毫无益处。不论辩论者展现出何种态度，他的动机都应该只是为了追求知识、寻求真相。若无意消除意见分歧以促成问题解决，唇枪舌剑将没有存在的必要。

当然，造成意见不一致的另一种情况是因为双方的知识水平不同。对于知识有限的人来说，他们经常会在涉及超出自己知识范围的问题上与有学识的人产生分歧，而这些分歧往往是错误的。然而，拥有专业知识的人有责任对那些缺乏相关知识的人所犯错误提供批评和纠正。因此，这种分歧也可以被消除。每个人的看法都应该得到尊重，但是"得到尊重"并不意味着"正确"，人们必须慎重地对待和判断不同人的不同看法。在知识增长的过程中，交流的重要性不言而喻，但如果没有一定的认知基础，则无法有效地从交流中获益。对话就像一场没有输赢的乒乓球比赛，看法来回反复碰撞，最终仍保持原有立场。

评论者必须清楚区分真理性知识和个人看法，同时认识到关于知识的争论是有可能得到解决的。如果读者深入研究问题，并接受作者观点的引导和启示，或许会导致他改变原有的观点。如果实际情况与之相反，那么他的评论可能是有根据的。

如果作者没有提出恰当的理由，读者可以将作者的命题视为作者个人意见的表述。读者如果无法明晰知识理论与个人看法之间的区别，那么他进行阅读的动机就可能不是为了获取知识。他对书籍中的内容并不感兴趣，只是将它视作关于作者个人生活的记录。这种读者对书籍的态度显然是中立的，既不支持也不反对。他评论的不是书籍，而是作者本人。

如果读者的关注点主要集中在书籍本身，而非作者个人，那么他们就有义务认真且严肃地承担起书评的责任。这些评论的责任不仅在于向读者传达能够与一般看法相区别的真正的知识，还在于评论者自身。因此，读者需要在表示支持或反对的同时，给出适当的依据。如果他认同作者的观点，只需主动接受作者所陈述的理由即可。然而，假如他不赞同作者的看法，便需要提出自己的理由和依据。

如果一个人真正了解某一事物,那么他就应该坚信自己能够使其他人相信他所了解的。而如果只是一个人的个人意见,那么它就是未经证实的主观判断。因此,在使用诸如"观点"或"态度"等修饰词之前,人们应该在这些词前面加上"通常"或"个人"等词语。如果某一个人宣称某一件事是真实不虚的,那么就必须提供能够证明这件事是真实不虚的客观证据。否则,他所说的只能是个人意见。

(三)逻辑方面常见的判断谬误

一是毫无根据的"信口开河"。常见的例子就是某一个人阐述了某种观点,但是他却并没有提供足以支持该观点的论据。大多数的流言蜚语便是这样产生的。

二是二分法。二分法就是指将世界简单粗暴地划分为两类,采用二分法的人看待问题时常常采取"非黑即白""非对即错"的态度。世界上的万事万物的确具有两面性,但是这相对的两面性并不是完全割裂的,如果一个人只看到这两方面的对立而看不到它们的统一关系和相互转化的可能性,便很容易走向偏执的两极化。实际上,二分法的思维方式是不切实际的。

三是无关论证。无论论证是指人们在进行论证时,并没有针对论题给予相应的证明或反驳,而是采取与论题无关的"论据"来转移对方的注意力,想要通过模糊焦点的方式蒙混过关。

四是循环论证。在逻辑推理中,如果一个论证的前提和结论互相依赖,前提的成立是因为结论的成立,结论的成立也是因为前提的成立,那么这种情况就被称为循环论证。最著名的循环论证就是"鸡生蛋,蛋生鸡"的例子。然而这种论证正如无限的死循环一样,虽然表面看起来合理,但其论据却不足以证明其结论。

五是诉诸未知。"诉诸未知"是这一类型谬误的代表,其他类似的还有"诉诸无能"、"诉诸未经证实或无法证实"等等。这种谬误发生在那些建立在未知或无法证实的前提之上的论证中。

六是"以点代面"或"以面代点"。这种逻辑谬误的实质是普遍现象与个别想象的混淆和乱用。"以点代面"是用个别现象来取代普遍现象,把部分当成整体。"以面代点"是用普遍现象来取代个别现象,把整体当成部分。人们一旦认定某个群体具有某种特性,就容易错误地认为属于该群体的个体也都具有同样的特性,这是一种"以面代点"式的谬误。反之即是"以点代面"式的谬误。

七是诉诸多数。"多数"可能包括风俗习惯、传统、舆论或权威。绝大部分情况下,多数观点并非绝对正确,少数观点也有可能并非完全错误。在人们还没有发明轮船之前,很少有人相信钢铁可以漂浮在水面上。所以,根据舆论来证明论点的前提是错误的。因此,任何以普遍共识为前提的论断都需要经过严密的推敲和验证。

八是诉诸情感。会导致误解的感情有很多种,比如同情、虚荣、恐惧、自尊和愤怒等等。这种逻辑错误最难以察觉。人们需要尽力避免这种错误。

九是偷换概念。它指的就是用一个概念去替代另一个概念,从而达成曲解原来意思的效果。

以上列举的九个谬误是被广泛讨论的典型例子,除此之外还存在一些不太显著但易于识别的谬误,如将某种经验的偶然性误认为是事实的必然性。"守株待兔"的寓言故事正是这类错误的最佳案例。有些属于价值判断这一范畴的问题是逻辑无法涉及的,这一点也应该特别注意。有人会觉得红色比蓝色更好看,有人喜欢古典钢琴曲胜过现代流行音乐……但这些观点都与逻辑无关;同样地,逻辑思考并不适用于全部的生活领域,如果事事都讲求逻辑,生活中的乐趣和情趣必然会遭到削弱。

第五章 阅读方法

安德斯·艾利克森和罗伯特·普尔在其创作的《刻意练习:如何从新手到大师》一书中强调了学习的关键要素:正确的练习。他们认为,在任何一个行业和领域中,如果某个人想要提升自己的能力,都需要遵循同样的一套原则。这一系列通用的普遍原则就是"刻意练习"。在今天,"刻意练习"依然受到人们的普遍认可,很多人都将这一原则当作最高标准,并坚持不断地践行。在任何一个行业或领域,一个人如果想要成为杰出人士,取得辉煌的成就,那么就需要付出汗水,并经历多年的训练和沉淀。没有一个人是能够"不劳而获"的。但是这并不表示,一个人只要足够努力和刻苦训练,就一定会变得优秀。因为除了加倍努力之外,还需要掌握正确的方法。如果只有努力,而缺少正确的进步方法,那么人们也无法提高效率,无法实现相应的成就。掌握科学的进步方法,是提升学习效果和学习能力的重要环节。这样的理念同样适用于阅读领域。一个人若想到达目的地,就必须选择正确的道路,同样的,一个人若想在阅读实践中有所收获,就必须先掌握正确的阅读方法。本章将重点介绍优秀的阅读方法。

第一节 循序渐进式阅读法

阅读方法指人们在进行阅读实践时所采取的手段、方式和途径,也是人们在阅读时应该遵循的规律和原则。阅读实践是有其内在的规律的,这种规律是不以人的意志为转移的客观存在,读者只能认识和利用这些规律,而不能违背,因此,从这个角度来看"阅读必有因循的原则,不可毫无章法、乱读一气"。但需要注意的是,阅读虽有基本原则,但对于具体的每位读者来说,方法并不唯一,每位读者可能会因为不同的情境、心境、能力等内容而适合于不同的方法,不可以一概而论,因此,从这个层面上看,阅读又是"法无定法"。可以说,阅读方法既是一门科学,更是一门艺术。掌握阅读方法并不是目的,而是要善于灵活运用阅读方法,像庖丁解牛那样游刃有余,才能不断提高阅读效率和阅读能力。

循序渐进式阅读法,是一种程序式的阅读法,它要求读者遵循人类认知的规律,将所要阅读的书籍,按照难易程度、与研究主题的相关程度等,分门别类,排好顺序,从而制定出一套全面的、科学的阅读计划和阅读步骤。纵观古今中外的历史,卓有成就的学问家均十分重视运用循序渐进式的阅读法来读书。

南宋著名理学家朱熹曾说:"读书之法,在循序而渐进。""未得乎前,则不敢求其后,未通乎此,则不敢志乎彼。如是循序而渐进焉,则意定理明,而无疏易凌躐之患矣。"他的意思是说,阅读最好按照某一种程序和计划,先从较为简单和基础的书籍开始入门,打好基础,逐渐深入,量力而行,读通一本然后再读另一本,读通一节然后再读下一节,如此这般,不乱节奏,分清主次和先后。此外,朱熹还以登山为例子,如果一个人想要登到最高处,"不知自低处不理会,终无至高处之理"。元代学者、教育家程端礼也认为读书应该有浅深易难的顺序,就一篇文章来说,他在《程氏家塾读书分年日程》中说:"每句先逐字训之,然后通解一句之意,又通解一章之意,相接续作去。明理演文,一举两得。"可见,读者不可好高骛远、急于求成、贪多求快,应该脚踏实地,一步一个脚印地展开阅读,通过阅读不断地提升自己。

循序渐进式阅读法是一种非常科学的阅读方法,它遵循了事物发展的客观规律。书本知识的内在逻辑是逐步推进的。每个学科都有自己的体系和逻辑,学习过程通常是由简单到复杂、由表及里、由易到难、由细节到整体的连续过程。已经掌握的内容为后续内容奠定了基础,而后续内容则延展和发展了原先已经掌握的内容。只有建立起学科知识的进阶和连贯的体系,才能够获得系统的、全面而非零散的知识。

循序渐进式阅读法具体要怎样实现呢？答案是通过制订合理的阅读计划。制订合理的阅读计划是对自身所要进行的阅读实践有一个全局性的通览,并对每个阅读阶段要达到什么样的效果,最终达到什么样的目的所进行的规划手段。制订阅读计划为读者有条不紊地进行阅读实践活动提供了保障。那么,如何制订合理的阅读计划呢？

制订合理的阅读计划,要遵循四大原则:一是"有的放矢"的目的性和方向性,二是"由浅入深"的循序渐进性,三是因人、因时、因事制宜,四是平衡好长期安排和短期打算。在遵循这四大原则的基础上,读者们可以通过以下几个步骤制订具体的阅读计划:

第一步,根据自己已有的经验和实际知识水平,选定明确的阅读目的、阅读方向和阅读内容。明确的阅读目的和方向是制订阅读计划的核心,有了核心思想,就能有针对性地开展阅读,使阅读内容与计划目标保持一致,更容易实现计划。接着,就要根据中心思想考虑计划的内容。

第二步，按阅读内容的内在逻辑定好程序。也就是排好阅读内容的先后次序，基本原则是先易后难，由近及远，由浅入深，由简单而复杂，以充分体现循序渐进的规律。需要注意重点，但也不能忽视其他内容，要既专攻重点，又广泛涉猎其他领域，以便拓展视野、增长知识，更快更深入地掌握重点内容。遇到难题时，不妨向有经验的老师或朋友请求帮助。

第三步，要安排好阅读的日程。安排阅读日程有两种主要方式，第一种是"分配式"，即每日的不同时间段分配给不同的阅读内容。精力旺盛时研习较为难懂的学问；疲劳时则学习相对容易的内容。第二种是"集中式"，即在一定的时间段内集中阅读相同或相似的内容，以便快速积累知识，实现从数量到质量的飞跃和转化。

此外，制订合理的阅读计划还需要特别注意以下几点：一是，计划不宜过于严格。比如确定一个小时内需要读多少字，记录多少笔记，或在几个小时内完成某项实验，等等，这些都是硬性规定。计划需要有其坚定的一面，但保证稳定性的同时不应该丧失灵活性。二是，计划不宜定得过高，否则难以执行，客观条件也不允许。制定阅读计划时需同时兼顾生活的其他方面，不能只顾着完成阅读计划而忽视其他因素，从而导致生活失去规律和重心。三是，计划的完成过程不要贪多图快。一个计划最好是简单清晰明了的，应该尽量避免繁杂和无序。贪多图快的结果，必然是囫囵吞枣，欲速则不达。四是，落实阅读计划要有持之以恒的精神。切不可学学停停，使阅读的链条脱节。

第二节 广博专深式阅读法

所谓"广博专深式阅读法"，就是在阅读实践过程中"博采方法"与"专攻方法"的辩证统一和混合运用。

"博采"即"博学"，是指在阅读过程中对不同门类的知识进行广泛涉猎和吸取。因此，人们把有学问的人称为"博士"，是很有道理的。需要说明的是，博采中的博并没有什么硬性的规定和标准，它是一个相对的概念。在人们进行博采的时候，首先需要做的是"确立一个中心"，然后围绕着这个中心，逐步扩展范围，逐步深化自己的认知和理解。将博采视为阅读的战略目标是可以的，但是在具体的阅读过程中，必须根据各学科有选择地深入研读。由此可见，广博并非阅读的最终目的。因为在阅读领域广泛的涉猎和吸取虽然可以使自己知道得很多，但不一定能有用。"由博返约"，精修一门，才是阅读和治学的真谛。一切学问都应该知道一些，但有些学问应该知道其中的一切。而这种选择性的集中则是"专攻"，即"专深"或"专精"，是指在阅读过程中对某一门类知识的深入研究和挖掘。博采和专深是不可分割的两个方面，它们相辅相成，相互依存，相互补充，共同发展，唯有互相配合，才能使读者达成最佳的阅读效果。

在现代化高速发展的今天，随着科学知识的不断细分和融合，某一门特定学科的发展越来越离不开其他学科的研究成果，因此社会上出现了"通才取胜"的情况。为了适应社会节奏，回应社会发展对个人的新要求，个体应该努力使自己成为通才型人才。既要确保自身具备扎实且广博的基础知识和专业知识，也要兼备其他知识，保障知识的广博互通，以便使得自身具备立体型的知识结构和认知模式。那么，怎么样通过实现博采与专深的统一进而变成通才型人才呢？

基本原则是遵循辩证精神——先博采，以建设稳固的基础知识；后专深，以发现客观的规律和本质；专深时不忘博采，根据专深情况继续博采。中国著名外国文学研究学者杨宪益先生曾经说过："我认为开始读书，范围还是广泛一些为好……开头涉猎群书，总之要杂一些，问题在于要先博后专。"就阅读和治学而言，先博采众长是十分必要的，这是因为先广泛获取丰富的知识不仅符合人类认识世界的规律，而且还是学习和研究必不可少的奠基过程。从事实的角度来看，并不是所有人自一开始便能够确定自己的研究方向和研究内容，大多数情况下是在广泛涉猎后逐渐认清自己的特长和兴趣，进而确定专攻方向。培养专业技能的重要性在于逐渐让个人在社会中发挥独特的作用。从这个意义上说，专精是目的，博采是实现专精这一目的的方法和途径。不管一项工作看去多么平凡，其实都有专门知识。知识的联系性决定了任何专门问题都牵涉着其他材料。在阅读和治学的初始阶段，博采是不可或缺的基础准备，而在接下来的阅读和治学过程中，博采对专精则起到了重要的补充作用。后续阶段相对容易，这是因为在专精的阶段中，人们已经有了具体而明确的研究方向，只要围绕着专精的课题进行博采就能够有所收获。但是对于前者——阅读和治学初级阶段的博采来说，则并不是那么容易。这是因为当一个人初次接触某一种学问时，很难把握"由博返约"的时间界限。如果想要解决这一问题，就需要对自己的能力和学问的内容有一定的认知，当自己对该学科的基础理论和基础知识掌握扎实的时候，便可以尝试探索某一个具体的问题。如果发现在探索这一具体问题的过程中缺乏相应的积累，便可以有针对性地再次进行博采。这种灵活式的"博约相济"能够为人们带来意想不到的求学成果。除此之外，博采与专深的统一和结合还需要注意以下几个方面：一是，博采与专深的过程都要精选阅读书目，并按照循序渐进的原则依序读完。二是，主攻的学问要进行"窄化"，但是"窄化专业"绝不能"窄化视野"。三是，对自己要专深的领域关系重大的基础课、代表著作,不仅要精读,而且还要反复琢磨,以便深入掌握,使其真正变成为自己的知识血肉。

第三节 聚焦精髓式阅读法

世界上书籍之多,可谓"浩如烟海"。要在这广袤烟海中不迷失自我,就需要把握中心。唯有在阅读中确定中心,明确重点,然后围绕着这个中心和重点去读,阅读实践才有可能事半功倍。这种聚焦中心、不被细枝末节干扰或带偏的阅读方法,就是聚焦精髓式阅读法。

在中国阅读实践历史中,有不少文化名人十分重视采用聚焦精髓式阅读法,虽然这种法在不同的人那里叫作不同的名字,但是从本质上来看,都具有直击精神实质、不纠缠于具体言辞的内核。下面就对这些具体的方法进行简单介绍。

一、诸葛亮的"独观其大略法"

裴松之注《三国志》上注引《魏略》记载:诸葛亮与徐庶、石广元、孟公威等人一起读书,但是这几个人的阅读取向和阅读重点并不完全相同,徐、石、孟三人"务于精熟",而诸葛亮"独观其大略"。"务于精熟",就是认真精读,目的是达到深入理解和透彻领悟的理想阅读状态。"独观其大略"则是去粗取精,直接把握和提取书籍中的核心部分,而不被枝蔓问题所纠缠。要想运用诸葛亮的"独观其大略法",需要具备以下五个条件:一是要有一定的哲学修养,善于概括提炼;二是既要钻进书中,又能站在书上,独立思考;三是经常关注最先进的知识,站在本学科知识的前沿;四是弄通最基本的概念、定理、原理,尤其是其中的关键部分;五是精通唯物辩证法。

二、陶渊明的"不求甚解法"

东晋田园诗人陶渊明在其创作的散文《五柳先生传》中写过这么一句话:"好读书,不求甚解,每有会意,便欣然忘食。"这句话描述了陶渊明的阅读方法,这种方法被后世人称为"不求甚解"法。"不求甚解"读书法十分有名,但是古往今来,却有不少人将这种方法误解为"浅尝辄止、不求深意",并对其加以批判。但实际上,陶渊明的"不求甚解"是有具体所指的。陶渊明从年少时便开始攻读经史典籍,他在读书时发现,汉代某些经学家所作的注释,连篇累牍,空虚烦琐,离题万里。这种寻章摘句、牵强附会的"学究式"的学风对阅读本身不仅没有益处,而且还容易干扰读者对原文的理解和体会。因此,陶渊明提出"不求甚解"一说,是为了避免读者浪费很多时间在不必要的阅读内容上,而应该集中精力领会原文的深意。正如元朝人李冶所说的那样:"盖不求甚解者,谓得意忘言,不若老腐儒为章句细碎耳。"不死抠章句,不被章句所限,集中精神提取原文精髓,才是正确且有效的阅读实践。

三、韩愈的"提要钩玄法"

唐代学者韩愈在探讨阅读的时候曾经说过一句名言:"记事者必提其要,纂言者必钩其玄。"后人将他的话概括为"提要钩玄"读书法。根据韩愈的方法,研读书籍应首先对书籍进行分类,然后根据其性质和类型的不同采用相应的阅读方法。阅读记事性质的历史书籍时,需要提纲挈领地归纳主要内容。在阅读理论类书籍时,应该着重挖掘其中深奥的思想,抓住核心观点。抓住书籍中的主要内容,可以使自己清晰地理解书中事件的进程,了解事件发生的原因,从而更加深入地探究事件之间的关联,透过表象看到本质。深入研究某些重要观点,可以拓展视野、梳理思路、增长知识、提高水平,将书中精华转化为自己的思想。

四、苏轼的"八面受敌法"

有个名叫王庠的人在应制举时,向苏轼请教读书方法。苏轼回复道:"书富如入海,百货皆有。人之精力,不能兼收尽取,但得其所欲求者尔。故愿学者每次作一意求之。如欲求古今兴亡治乱、圣贤作用,但作以此意求之,勿生余念。又别作一次,求事迹故实典章文物之类,亦如之。他皆仿此。此虽迂钝,而他日学成,八面受敌,与涉猎者不可同日而语也。"(《又答王庠书》)意思是说,书籍如同浩瀚的海洋,内容丰富多彩。但是一个人的能力和精力是有限的,很难涵盖所有的领域,所以人们只能专注于获取自己所需的知识。苏轼希望读书人在阅读时能够聚焦于一个问题。例如,想要深入研究历史的起伏变化、君臣之间关系和政治治乱等问题时,可以选择把焦点集中在这些方面,而将其他问题暂时搁置一旁。再如,如果想要知晓历史事件或了解古代文化遗迹,依旧可以使用相同的阅读方式。苏轼也分享了他用此法读《汉书》时的经验:"吾尝读《汉书》矣,盖数过而始尽之。如治道、人物、地理、官制、兵法、财货之类,每一过专求一事。不待数过,而事事精窍矣。"苏轼在阅读《汉书》时,将《汉书》按照治道、人物、地理等不同方面进行划分,每研究一个方面,就阅读一遍《汉书》,如此循环往复,自然能够把各个方面的学问弄得透彻、明白。后人对苏轼的这种读书法,多持赞成态度。如毛泽东同志在《关于农村调查》中也说:"苏东坡用'八面受敌'法研究历史,用'八面受敌'法研究宋朝,也是对的。今天我们研究中国社会,也要用个'四面受敌'法,把它分成政治的、经济的、文化的、军事的四个部分来研究,得出中国革命的结论。"后人对"八面受敌法"的推崇并非毫无道理,因为这种方法是一种高效的阅读和研究问题的技巧。它将研究对象分为多个方面进行逐一分析,并对每个方面的研究结果进行加工整理,通过这种方法而得出的结论必然是深刻而全面的。

五、郑板桥的"精当法"

郑板桥是清代著名的画家,被誉为"扬州八怪"之一,他在艺术方面有很高的造诣。郑板桥在阅读方面也颇有研究,他认为:"读书要求精求当,当则粗皆精,不当则精皆粗。"他还说:"读书求精不求多,非不多也,唯精乃能运多,徒多徒烂耳。"郑板桥强调了读书精当的重要性,认为阅读应该慎重选择,切不可盲目涉猎。盲目阅读不仅不会使学业更加精进,而且还会造成时间和精力的浪费,甚至还可能受到有害书籍的腐蚀,危害身心健康。挑选读物需要考虑到个体的实际情况和需要,因此"适当"这个概念尤为重要。一旦选定了合适的书籍,就要潜心精读,以便达到理想的阅读效果。除此之外,郑板桥还创作过一首流传于后世的读书诗:"读书破万卷,胸中无适主,便如暴富儿,颇为用钱苦。"在这里,"适主"指的是个人的观点和想法,意思是说读书应该坚持独立思考,有自己的创见,万万不可盲从迷信他人意见,或成为书本的俘虏。如果没有个人的独立观念,即便选择合适的书籍,付出艰辛的努力,也不会有好的结果。

六、梁启超的"注意法"

中国近代大学问家梁启超曾专门论述过读书方法和治学方法,他认为阅读"最初的方法,顶好是指定几个范围。或者作一篇文章,然后看书时,有关系的就注意,没关系的就放过,过些日子,另换题目,把注意力换到新的方面。照这样做得几日,就做熟了。熟了以后,不必十分用心,随手翻开,应该注意之点立刻就浮凸出来。读第一遍,专提一个注意点;读第二遍,另换一个注意点。这是最粗的方法,其实也是最好的方法。几遍之后,就可以同时有几个注意点而且毫不吃力"。有不少读者读书,读后即忘,没有收获,究其原因,是因为在阅读过程中并没有问题的指引,当阅读没有明确的目的和问题时,所读的内容就不易在脑海中扎根,自然留不下什么深刻印象。为了解决这个困境,梁启超提示读者,阅读时需要有一个中心问题,然后围绕着这个问题,进行阅读和取舍,与此有关系的就注意,没关系的就放过。这种方法类似于苏轼的"八面受敌法",意义在于使读者能够在每次阅读中集中意识解决关键问题,不浪费自己的时间和精力。

七、徐特立的"精读法"

中国著名教育家徐特立曾指出读书要"贵在精"。"贵在精"的核心意思是说,阅读和学习的关键不在于数量,而在于质量。阅读时应该精心阅读,而不是匆忙略过、浅尝辄止。读者们应该积极培养自己善于汲取书籍精髓、准确把握客观事物本质的能力。纵观古今中外的历史,有很多学者和名人都曾强调过"精读"的重要性。例如老子认为"少则得,多则惑",北宋开国功臣赵普被誉为"精读"的代表。他原本缺乏学识,不爱读书,自从担任宋太祖的宰相之后,才开始努力学习。经过长时间的努力,他的阅读成果十分显著,政务处理能力也不断增强。在宋太祖去世后,他又成了宋太宗的宰相。有一次,他对太宗说:"臣有《论语》一部,以半部佐太祖定天下,以半部佐陛下致太平。"此后"半部论语治天下"的佳话便流传至今。虽然这段历史故事难免有夸张成分,但是不可否认的是,精读的方法的确对提升人的阅读能力和综合素质很有帮助。

八、吴晗的"红线栓钱法"

中国大学问家吴晗治学十分严谨,他认为中国古人的读书方式主要呈现为两种形态:"一种是寻章摘句式的,读得很细心,钻研每段,以至每一句,甚至为了一个字,有的经师写了多少万字的研究论文。其缺点是见树木而不见森林,捡了芝麻、绿豆却丢了西瓜,对所读书的主要观点、思想却忽略了。另一种是观其大意,不求甚解式的,这种人读书抓住了书里的主要东西,吸收并丰富、提高了自己,但是不去作寻章摘句的工作。明朝人曾经对这两种方法做了很好的譬喻,说前一种人拥有一屋子散钱,却缺少一根绳子把钱拴起来。后一种人恰好相反,只有一根绳子,缺少钱。用现代的话说,这根绳子就是一条红线。"由此可见,单纯依靠"寻章摘句式"阅读法,或单纯依靠"观其大意、不求甚解式"阅读法,均不能达到良好的阅读效果。唯有将这两种方法综合,才能够弥补各自方法中的不足。而这种综合,正如一条红线一般,串联起散落在各处的知识点,使得读者能够从全局的角度审视文本,进而准确地把握文本的精神实质。

第四节 知行合一式阅读法

阅读的好处,除了让读者获得精神上的愉悦与心灵上的放松以外,还有一点非常重要,那就是"利于事用",即指导实践。也就是说,书籍中记载的事理,归根到底要体现和应用到人们的日常行为中去。因此,人们在进行阅读活动时,需要注意将所读到的理论和实际结合起来,以便将书籍中看似无声的文字"激活",让它们能够在今天的实践生活中发挥作用,从而使人们达到"知行合一"的境界。当然,并不是所有读者都能够达到学以致用、知行合一的境界,历史上就有不少人被书籍中的文字所困,终日阅读却反受其害。他们虽然"满腹经纶",却毫无独创见解,完全无视孟子"尽信书则不如无书"的告诫,一味相信书中所言,却又不知道灵活变通,结果是彻彻底底地变为了一个"两脚书橱"或"读死书的书呆子"。对于这种无法将所读内容应用于现实世界的读书人,清朝著名书法家钱泳曾严厉批判道:"为官者必用读书人,以其有体有用也。然断不可用书呆子,凡人一呆而万事隳矣。"(《履园丛话》)

阅读可以帮助人们习得事理并获得处理实际事务的能力,这是很多中国文化名人和学者的共识。孔子所主张的是一种"学思融合"的读书方法。他认为读书和思考是密不可分、互相促进的。学而不思则罔,思而不学则殆。如果一个人只是一味地埋头学习,而从来不对自己的所学进行反思和质疑,那么这个人就会越来越迷惑;如果一个人每天只是思来想去,却不曾学习和读书,那么这个人则会因为精神的疲倦而无所得。唯有将读书和思考结合在一起,读中有思,思中有读,才能够有所收获。

颜之推在《颜氏家训》中劝诫子弟读书时,特别强调了阅读的关键所在:"学之所以,施无不达。"这句话的意思是,通过读书和学习所领悟到的精神,应该落实在日常实践中。唯有"行道"才能"利世"。他对当时读书之后不会践行的读书人提出了批判,他说:"世人读书者,但能言之,不能行之,忠孝无闻,仁义不足……问其造屋,不必知横而梲竖也;问其为田,不必知稷早而黍迟也;吟啸谈谑,讽咏辞赋,事既优闲,材增迂诞,军国经纶,略无施用。故为武人俗吏所共嗤诋,良由是乎!"他认为读书应该"施之世务",而不应该"空守章句,但诵师言"。最后他将他的核心观念总结为一句话:"当博览机要,以济功业。""施之世务"和"济功业"才是阅读的真正目的,为了实现这一目的,必须将读过的知识内容化为日常生活中的实践。

南宋学者陈善在其著作《扪虱新话》中写道:"读书须知出入法。始当所以入,终当求所以出。见得亲切,此是入书法;用得透脱,此是出书法。盖不能人得书,则不知古人用心处;不能出得书,则又死在言下,惟知出入,乃得尽读书之法也。"这里已经很直接并透彻地阐明了读书要能"入"能"出"。"入"的意思是能够"钻入书中,与书合一",深入地理解、领悟书中所承载的精神内涵,并将其内化于心中;与"入"对应的"出"则是"跳出书外,灵活用书",意思是将内化于心中的精神内涵在日常生活中实践。"入"是为了"见得亲切","出"则是为了"用得透脱"。"见得亲切"是为了"用得透脱","用得透脱"要以"见得亲切"为基础,也就是说,"入书"与"出书"是一对辩证关系,读书的最终目的在于"出书",即应用,读而不用就是死读书,终不能获得理想的读书效果。总而言之,陈善提出"入书出书法"的目的在于要求读者在阅读的过程中,具有接受信息、消化信息、输出信息的通盘考虑,经过吸收与消化,将获得的知识,加进自己的体会与创见,然后转化为新的知识,起到向社会扩大知识的输出作用。

明末清初著名理学家、教育家朱用纯曾从正反两个角度阐释了"知行合一"的重要意义:"先儒谓今人不曾读书,如读《论语》,未读时是此等人,读了后只是此等人,便是不曾读。此教人读书知义理之道也……所以读一句书,便反之于身,我能否如是否?做一件事,便要合之于书,古人是如何?此才是读书。若只是浮浮泛泛,胸中记得几句古书,出口说得几句雅话,未足为佳也。"他批评了那些只知道记忆书中文字而不理解其中意义的读者,他认为这样的阅读只有"阅读的表现"而缺乏"阅读是实质",因而不能称为真正意义的阅读。除此之外,朱用纯还指出阅读的目的不是为了追求物质财富或外在名声,而是为了追随古圣先贤的高尚品格,修身立德、明辨事理。因此,将所读的内容转化为日常生活中的具体言行,是十分重要且必要的。

被钱穆所称赞的清朝思想家、教育家陈澧同样提倡"学以致用"。他认为读书不应该局限于门户之见,应该"博采众长,为我所用"。此外,他还特别强调阅读的最终目的应该指向"经世致用"。如果一个人一味地读书、死抠词句,却无法将读到的内容应用于日常生活,那么这个人虽然"满腹经纶",却不会为社会带来任何价值。

康熙皇帝在《庭训格言·几暇格物编》中重点揭示了书籍的这一价值:"圣贤之书所载皆天地、古今、万事万物之理,能因书以知理,则理有实用。由一理之微可以包六合之大,由一日之近可以尽千古之远。世之读书者,生乎百世之后而欲知百世之前,处乎一室之间而欲悉天下之理,非书以致之?"书籍是使古今中外得以互联的重要途径,经由阅读,人们"足不出户"便可以领略万事万物所构建出的美丽风景。这同《荀子》中所记载的"登高而招,臂非加长也,而见者远;顺风而呼,声非加疾也,而闻者彰"有异曲同工之处。除外,他还特别指出:"人之读书,本欲存诸心,体诸身,而求实得于己也。如不然,将书泛然读之,何用?"由此可见,为了提升自己的认知,读书和实践两者都不可偏废。

第五节　多元笔记式阅读法

单纯的阅读是不够的,为了将所读的内容更好地记忆和理解,读者还需要"动用笔头"——做读书笔记。做笔记是读书的重要过程,是治学的得力工具。即使拥有出色的记忆力,也会因为时间的流逝而记忆模糊,无法保持原有的真实性。做读书笔记可以帮助人们深刻记忆书籍中的内容,并且方便以后翻阅查找,从而提高效率、节省时间。最为关键的是,在读书时记录下的简短文字或读后感想,承载了当时的真实想法和真实情感,所以,当人们再次阅读先前阅读过的那一本书时,就可以对照自己过去所记录下来的感想和领悟,来观察自己的成长和变化。阅读时做笔记比不做笔记的阅读效果要好得多,这一点无论是在理论研究还是在实际应用中都可以得到证实,从这一点来看,读书笔记是阅读的重要辅助工具。做阅读笔记是科学阅读的重要组成部分。因此,读者们应该养成"边阅读边做笔记"的好习惯。

一、读书笔记的核心价值

读书笔记(或称之为阅读笔记)的作用不可低估。俄国批判现实主义作家、思想家列夫·托尔斯泰曾说过:"身边要永远带着铅笔和笔记本,读书和谈话时碰到一切美妙的地方和话语,都把它记下来。"

第一,阅读笔记有助于集中注意力进行阅读。阅读时,人们需要同时运用眼睛观看、运用大脑思考和运用手来写作笔记,这是一个多方面参与的过程。有些时候人们在读书时,眼睛可能在书籍上停留,但大脑却在想其他的事情,特别是长时间阅读时很容易发生这种情况。如果在阅读时能够让眼睛、大脑和手同时参与,就能减少"走神""开小差"等类似现象。因此,写读书笔记可以帮助读者集中注意力来进行阅读,从而提高阅读效果。

第二,阅读笔记有助于理解所读的内容。阅读笔记的制作需要在仔细阅读后才能够进行,因为它不是直接抄录原文,而是加入了阅读和理解原文后的感想,所以这类阅读笔记必须建立在对所阅读内容的清晰理解的基础之上。人们在阅读之后,应当仔细思考如何筛选和记忆书籍中最有价值和最有意义的那部分内容。一旦以此为目的,人们就不能仅仅只是看一遍书籍,而是需要反复多看几遍,并通过记录笔记的方式来促进对书籍内容的深入理解。可以说,阅读笔记是人们在阅读过程中进行深入思考的结果。记录笔记有助于读者更好地理解书籍内容的核心和要点,从而提升自身的判断力和概括力。撰写阅读笔记,有助于澄清头脑中模糊的问题,并将混乱的思绪整理有序。总而言之,记录阅读笔记不仅是增强思维能力的有效手段,而且是加深阅读理解的重要步骤之一。

第三,阅读笔记有助于收集信息、整理资料。做阅读笔记就好比是建立自己的知识堡垒,每一分收获都能提高自己的学识。储备知识、收集材料是治学、工作和科研等实践活动中不可或缺的基本功。凡是在学术领域有所建树的学者都是善于收集和整理资料的人。正所谓"读书应作有心人"。一个人如果想要在学习和阅读中有所成长、有所收获,就应该有意识地训练自己在阅读实践中积累并整理有用资料的能力,而这种能力便是记阅读笔记的能力。根据所收集的内容的不同,阅读笔记也有很多种形式,有的笔记只是对原文的摘抄,有的笔记则是阅读后的体会,有的笔记则是对原文核心观点的概括式表述。这些笔记看似无用,但是经过耐心的整理,便能形成一部部非常有价值的作品。

第四,阅读笔记有助于记忆所阅读的内容。人类在面对日益增多的信息时,常常会发现自己的记忆力十分有限,而撰写阅读笔记是一种弥补记忆力不足的最有效的方法之一。阅读笔记是大脑最为重要的外部存储器,它可以帮助人们延长记忆。俗话说:"好记性不如烂笔头。"眼过千遍,不如手抄一遍。清朝目录学家章学诚在其著作《章氏遗书》中强调,如果不及时记录所读书籍的内容,就好比大海中落下的一场雨,没有任何痕迹可寻。正是在做阅读笔记的过程中,原本相对无序的内容被整理成具有系统性的体系,这大大地方便了人们的记忆和回溯。所以,做阅读笔记能够避免人们在阅读后将重要的内容遗忘,从而提升人们的阅读效果。

第五,做阅读笔记有助于激发人们的创造力。人们在阅读时不仅可以获取信息和知识,还能够获得启发和灵感,从而发现和创造新事物。在做阅读笔记时,人们借助于阅读过程中的思考和记忆,可以使自身的头脑更加灵活,思维更有条理,而在这种情况下,常常会出现意想不到的"灵感"。当这种灵感出现时,有经验的读者或研究者就会迅速地将其记录下来,以避免思路停滞、灵感流失。著名的物理学家爱因斯坦认为,阅读应该追求创造性,"学习"那些书本上尚未被记录的知识,才是阅读和学习的真谛。在他的一生中,他记录了很多这样的精彩想法。当他重新审视曾经所积累的大量的阅读笔记时,往往会获得新的启发,同时,他还十分重视将一些平时闪现在脑海中的思维火花记录下来,经过筛选提炼,形成独特的见解。历史上很多发明创造就是由此而来的,可见,做阅读笔记对于创新能力的培养十分重要。

第六,做阅读笔记有助于提高写作能力。通过做阅读笔记,人们不仅可以加强写作练习,而且也能够有效提升写作水平。阅读笔记不仅仅是将重要的文字记录在书写载体上的过程,它之所以备受推崇,是因为阅读笔记虽由"手"来完成,但实际上却是"脑"的训练。人们在做阅读笔记时,一定需要思考"写什么,怎么写"等内容,而这种思考正是将所读内容有序整理并融会贯通的过程。所以,阅读笔记不仅为写作提供了素材,而且还训练了写作时所必需的逻辑思维能力。因而,为了在阅读过程中取得更好的效果,人们应该积极养成经常做笔记的好习惯。

二、读书笔记的主要类型

一是眉批式笔记。眉批式笔记主要是指在阅读过程中进行标记的一种笔记形式,它可以使用圆点、直线、曲线、波浪线、双线、框线等符号来标记书中的关键句子,也可以将自己的感悟、评论和疑问记录在书页的空白处。这种笔记,简单方便,容易操作。眉批式笔记不仅能记录读者在阅读时的即兴思考,而且还能够为读者在下一次阅读本书时,提供很好的引导。中国历史学家陈垣就十分愿意在书中勾画重点。毛泽东则是坚持"不动笔墨不读书"的原则,经常在书籍上边阅读边批注。他在青年时代读书时就有"四多"的习惯,即"读得多,想得多,写得多,问得多"。其中"写得多"即包含着多做读书笔记。毛泽东的读书笔记主要有内容摘录、标记、批注、读书日记、改错纠谬五种形式。其中批注是指在读书过程中对某些内容心有所感,用较小字体注在原书相应内容旁边空白处的思考性文字。批语中,既有赞同的评语,也有联系实际对某些观点所作的引申、发挥。

二是摘录式笔记。摘录式笔记是指在学习和阅读的过程中将重要的内容和相关的信息准确地抄录下来,以便日后复习查找。读者在阅读时,如果发现书中有较为精彩的观点和内容,应当记录在笔记本上,这样的笔记积累得多了,就能够为写作或科研提供系统化的素材。摘录式笔记主要有两种操作方式:第一种是直接抄录原文,这种方式多为日后引用提供基础;第二种是对原文进行概括式摘要,即将原文用自己的语言概括出来,然后将所概括的内容记录在笔记上。这两种操作方式都需要在摘录内容的开头或结尾处标明书名、版本和页码等基本信息,以便日后核对、查找。根据所摘录的具体内容的不同,摘录式笔记又可以大体分为以下几种类型。

(1)抄录式笔记。抄录式笔记即摘抄原文段落或词句。一般情况下,这种抄录不仅仅是笔头功夫,更要搭配深入的思考。中国古人为了加强记忆力,曾试过许多种方法,后来发现抄录式的笔记法是加强记忆、深入理解的有效方法之一。明清之际的著名经学家张尔岐就是使用这种方法来背诵书籍中内容的。他每读完一本书籍,遇到好的词语段落,便抄录在纸张上,然后将纸张粘贴在墙面上,以便随时记诵。当他能够将某一页纸张上的内容全部记住后,他便将这页纸从墙壁上撕下,替换成新阅读和新抄录的内容。如此循环往复,日积月累,张尔岐终成为饱读诗书的博学之士。这种抄录式的笔记在今天依然被广泛使用。

(2)引语式笔记。摘录文献和专著中一些重要的原话,如科技书籍的重要结论,理论著作的精辟论点,文艺书籍中令人深省的警句等,这些原话代表了经典作家和作者对一些重大问题深入研究的核心观点,可以作为以后研究的引证参考。

(3)索引式笔记。索引式笔记是指在笔记本上记录书刊的名称、卷期、页码、著者、文章的题目等信息,以备将来查找。这种笔记对专业研究来说非常实用,可以系统地反映出某一主题的相关文献资料。做索引笔记的时候,可以根据不同的需要,按照不同的主题进行编写。有以人物为主题来编写的,例如《史记人名索引》《后汉书人名索引》《全唐诗作者索引》《革命人物志索引》等。这种编排可以把在某方面做出贡献的人物的事迹和主要著作整理起来。有以文献资料内容为主题的索引,例如《中国专利索引》《诗经索引》《科技论文索引》《万首唐人绝句索引》等。这样可以把分散在不同学科中的同一主题的书刊资料,用索引的形式系统地反映出来。还有以学科为线索的,即把属于同一学科的文献资料归纳在一起。为了更方便将来阅读,还可以在题目之后再附上该条目的简要说明,将来查找引用的时候就一目了然了。

(4)摘要式笔记。摘要式笔记指的是读者在充分理解了阅读内容的前提下,用简洁的语言准确地概述阅读内容的核心部分,并将这种概述抄录下来的一种笔记形式。

三是评注式笔记。这种记录形式不仅仅是简单抄录,而是结合了摘抄内容和个人学习心得以及批注而形成的笔记。这种笔记可以包括但不限于以下内容:读者的个人生活经验,一闪而过的灵感,天马行空的奇思妙想,暂时无法解决的难题,等等。通常而言,评注式笔记主要由以下几种主要类型组成:

(1)提纲式笔记。提纲式笔记是指根据阅读对象的主要内容以及读者自身的领悟,将阅读对象的核心观点和基本内容按照一定的逻辑顺序简明扼要地记录下来的一种笔记形式。一般来说,提纲式笔记适合于阅读内容深奥的文本作品,将文本中的重点内容按照观点的顺序记录下来,有助于理解整本书的内容和逻辑结构,比单纯地重复阅读效果更佳。

(2)提要式笔记。提要是指用几个字或一个简短的句子概括一段话或一篇文章的中心,写在书的天头或地脚上。通过阅读,人们可以在思考的过程中将某段文字的中心思想用简练的语言记录下来,这样做有助于把握整篇文章的主线,便于在复习时迅速把握文章的要点。提要式笔记就是指用归纳中心思想的方式总结一本书、一篇文章或一段话的主要内容。撰写文本的内容提要有助于加深对文本原意的理解和记忆,对读者来说具有积极的意义。

(3)论题式笔记。这类阅读笔记是对书籍要点和重要问题的总结,有助于读者更好地理解和阐述书籍的核心观点。

(4)批注式笔记。在书籍上做标记和写批注是一个方便易行且利于复习的方法。常用的批注式笔记主要有眉批、尾批、旁批这三种基本形式。

(5)补充式笔记。当读者阅读完一部文本作品后,如果发现文本的内容不够完善,可以对其进行补充和修正。这种补充和修正原有文本作品的笔记便是补充式笔记。补充式笔记是一种需要发挥读者创造力和鉴别力的笔记形式,读者必须有自己的独特见解,才能够记录补充式笔记。

(6)批驳式笔记。批驳式笔记和补充式笔记类似,只不过批驳式笔记侧重于对原有阅读内容的修改和纠正。同样的,批驳式笔记的完成过程,也需要读者发挥自身的理性思维和创造能力。

(7)质疑式笔记。质疑式笔记主要记录的是读者在阅读某一文本作品的过程中所产生的疑惑和疑问,这类笔记形式有助于帮助读者在阅读过程中找到客观存在的真理。

四是心得笔记。读书心得笔记也就是人们常说的读后感。读后感是一种规范的笔记形式,它将读者独特的阅读体会和阅读感悟简明扼要地记录下来。读后感常常以札记、随笔等形式呈现出来。历史上有很多名人都热衷于写读后感,例如中国现代著名的散文家和文学评论家梁实秋就有在阅读后做读书札记的习惯,他所撰写的《亲切的风格》《布劳德斯基的悲剧》都是读书札记的名篇。再如国学大师陈寅恪也写出了诸多具有影响力的读书札记,这些读书札记都变成了后世人学习和阅读的重要资料。

五是综述式笔记。阅读多本关于同一主题的书籍或文章后,可以进行综述式笔记的写作。在综述式笔记的写作中,读者需要抓住关键信息,深入理解材料内的容,并注意遵循科学的系统性规律,概括各种著作的观点和见解,分析问题的现状以及未来的发展趋势,同时也需要表达个人观点和见解。

六是卡片式笔记。卡片是阅读笔记中非常独特的一种形式。它与普通阅读笔记的区别主要在于:它采用灵活的单页记录形式,每页笔记只专门记录一个独立的内容,当这些分散的卡片积累到一定的程度,并按照一定的逻辑顺序排列组合后,便可以生成一个系统化的资料库。这个资料库十分灵活,因为当读者遇到新的观点和论据时,可以随时将新增卡片插入相应的位置中,而且当读者想取用某一类主题下的内容时,便可以轻松地得到内容直接相关的材料。可见,这种卡片式笔记是一种非常实用且高效的笔记形式。很多知名的大学者都偏爱整理卡片式笔记。例如:现代出版家王云五就常常边读书边记录卡片,当他读到某一段可供未来参考的文字时,便用卡片记录下来,每隔一段时间,便将积累的卡片分类排列,以便日后查找和引用。

  总体来说,笔记行为贯穿着阅读的整个过程。读者在阅读时,为了更好地理解文本内容,可以在文本中直接进行批注和勾画。随着阅读的深入,读者可以采用提纲、提要等形式的阅读笔记,将有用的内容按照一定的逻辑关系记录下来,以便在脑海中构建系统化的认知体系。随着阅读量的提升,人们的认识也跟着不断得到深化。这时候,读者可以在充分理解原文的基础上,进行进一步的补充、修正和创造,或者撰写补充性、批评性、质疑性的笔记。再之后,当所积累的知识达到一定程度,读者便可以撰写心得体会,或者写一份综合性的笔记。由此可见,阅读的每个阶段都离不开笔记的记录。笔记是帮助人们提升阅读能力和阅读效果的最佳手段。除此之外,当读者用笔记阅读法读书时,会体验到前所未有的成就感和满足感。因为只有当读者对文本作品的内容有所感悟、有所创见,并将这些感悟和创见用恰当的文字表达出来时,才能说是真正体会和内化了文本作品的精髓。

结　　语

"阅读推广"一词,是在图书馆(学)界进入 21 世纪的新发展阶段之后新兴起来的热门词语。这一词语虽新,但究其实质便可发现,其具体实践及根本指导思想早在近现代形态的图书馆诞生之初便已经存在。

正如前文所述,近现代形态的图书馆与古代形态的图书馆,均是"收集、整理和利用文献的文化设施和文化机构",但是,近现代形态的图书馆与古代形态的图书馆最大的不同,或者说最大的"进步"就在于,其所服务的对象不仅仅是在古代垄断学术资源的阶层,而是"人人"即全体民众。只要民众中的具体一员愿意到图书馆中学习和阅读,便可以免费地享受图书馆中绝大部分优质的资源和服务。至此,图书馆在中国才开始具有了一定的"公益"属性。也就是说,图书馆"生而为公",其存在意义和存在目的便是让全体民众获益。当然,这个益主要指的是精神层面、思维层面、认知层面的提升和精进。

在中国近现代形态的图书馆兴起之时,为了实现图书馆的存在意义和存在目的,肩负起社会所给予的使命和责任,图书馆人必须积极地向民众推广自身的资源和服务,而图书馆的资源和服务又必然是以民众阅读为中心而展开的,因此,以阅读为对象的推广活动便陆续出现,并得到了当时图书馆(学)界的重视。这从那个时期诸多图书馆名人的著作中就可见一斑,如孙毓修于 1917 年撰写的《图书馆管理法》、杨昭悊于 1923 年出版的《图书馆学》、杜定友于 1925 年撰写的《图书馆通论》及 1927 年撰写的《图书馆学概论》、李小缘于 1927 年出版的《全国图书馆计划书》、马宗荣于 1928 年出版的《现代图书馆序说》刘国钧于 1934 年写成的《图书馆学要旨》、沈祖荣于 1944 年撰写的《我国图书馆之新趋势》、俞爽迷于 1947 年编著的《图书馆学通论》等著作,均明确指出了图书馆与阅读之间的紧密关系,并倡导图书馆学研究者和图书馆从业者采取一系列有效的措施促进民众阅读好书。

其实,拨开层层表象会发现,民国时期的图书馆所要重点解决的问题与今天的图书馆所面临的难题在本质上具有很大的相似性。由于民国时期基础教育普及率较低,文盲人数较多,这不仅不利于个人精神的成长,也对社会文化的转型和发展造成了阻碍。因此,为了全面提升国民的文化素质,"鼓民力、开民智、新民德",图书馆便需要集思广益、积极实践,一边大量汇集优质资源以供民众利用,一边大力宣传引导以便促进民众阅读,从而使得民众养成良好的阅读习惯,能够自主地实现自我提升。今天的图书馆虽然已经开发并引进了诸多高新技术,但同样要为"吸引读者利用图书馆来学习和阅读,提升国民的文化素养和精神境界"而尽心尽力。当然,这么做的另一个重要原因是:提升图书馆的利用率,以实现图书馆在民众心目中的"价值升格"。这是从图书馆自身的生存发展角度而言的,在进入以快速变革为主导的21世纪之后,图书馆必须要面对和处理的便是"如何重新定位自身发展方向"以及"如何重拾自身存在价值"的问题。

不难发现,"重拾图书馆的存在价值"是必须以"吸引读者利用图书馆进行学习和阅读"为前提的。图书馆唯有在促进全民阅读的领域中发挥重大作用,才能够使民众发自内心地认可其价值,进而才得以摆脱"图书馆消亡论"的负面影响。而一旦图书馆在促进阅读的实践中有所成效,这必然会带来民众文化素养的提升,为经济建设、社会繁荣提供必要的基础条件。可见,促进阅读,也就是阅读推广,无论是对图书馆行业的延续而言,还是对社会整体的发展而言,都具有不可替代的重要意义。

既然如此,图书馆如何才能够有效地促进阅读、让人们从阅读中获益,便成为图书馆人亟待解决的关键问题。要想为这一问题探寻合理的答案,需要图书馆人从以下三个方面进行探索和思考:

一、学习和掌握辩证唯物主义的思维方式,以探索图书馆和阅读领域的客观规律

辩证唯物主义认为,在宇宙中,万事万物所表现出来的现象是纷繁复杂的,但是往根源上去探求会发现,万事万物的运动方式均是由客观规律所支配的,它们不以人的主观意志为转移,但是人们可以依靠自身的主观能动性来认识和掌握各种客观规律,并按照这些客观规律来"办事"。如果能够按照事物的客观规律进行实践,便可以事半功倍,达成"赞天地之化育"的理想目标;反之,如果忽视规律、一意孤行,受困于个别的经验,则必然会走向谬误,自然不可能正确地认识和改造这个世界,以满足自身的生存发展需要。因此,在促进阅读的实践过程中,图书馆人应该坚定地树立寻找客观规律的意识,从图书馆的发展规律和阅读习惯的养成规律出发,精准地对读者进行服务和引导,以帮助读者产生阅读兴趣、提升阅读能力、掌握阅读方法,使其能够自由地从阅读中获益。而本书的写作正是以此为初衷和归宿,以期为图书馆人——尤其是图书馆阅读推广工作人员——在寻找图书馆和阅读等领域的客观规律的过程中提供辅助和指导。

纵观本书之全貌可发现,本书主要从六个方面帮助图书馆人探索图书馆和阅读领域的客观发展规律,并帮助图书馆人逐渐培养起"自我教育"(即"自学")的意愿和能力:

第一,通过分析不同历史时期图书馆的发展形态,从根本上揭示图书馆"万变不离其宗"的本质属性和内在机制,以确定图书馆提升自身存在价值的基本途径。图书馆是人类社会发展到一定阶段的产物,它出现于文字和文献产生之后,是人类为了满足自身交流知识和信息的需要创造而成的。图书馆自诞生之日起便具有"收集、整理、利用文献"的功能和使命。这种功能和使命一直贯穿图书馆的整个发展历程,也是图书馆得以持续存在的价值所在。又因为图书馆对文献的收藏和整理是为了利用文献,而利用文献必须经由阅读来实现,所以图书馆的存在价值必然需要以文献的充分利用和广泛阅读为前提,也就是说,图书馆的根本存在价值就在于帮助人们利用和阅读文献,发挥和挖掘文献对人的巨大价值。

第二,通过揭示阅读推广与图书馆根本存在价值的密切关系,确定图书馆阅读推广实践的应然取向和基本目标。既然图书馆的根本价值在于文献价值的实现,而文献价值的实现必须依赖于阅读,那么,图书馆根本价值的实现必依赖于阅读。而以促进阅读为核心目的的阅读推广正是实现图书馆根本价值的机制和路径。为了使更多的读者从文献中获益,图书馆阅读推广实践需要从以下三个基本方面入手:一是注重激发读者的阅读兴趣,二是注重提升读者的阅读能力,三是注重满足读者的阅读条件。

第三,为了更好地进行阅读推广实践,帮助更多的读者走进阅读的世界,图书馆人必须充分了解阅读的起源和阅读的发展历史。因此,本书单独设置"阅读的历史"一章,从中国和西方两个角度揭示阅读在不同地域和不同历史阶段的诸多变化以及变化背后的深层原因。这里需要特别强调的是,学习阅读史的目的并不仅仅是了解阅读史的表象,更重要的是通过诸种表象去把握支配表象运动的客观规律。这应该是每一位图书馆人都需要明白的道理。

第四,为了更好地激发读者的阅读意愿和阅读兴趣,图书馆人必须明确阅读的概念和价值。如果图书馆人能够清晰地把握阅读的概念和价值,便能够有的放矢地开展足以吸引读者进行自主阅读的相关活动,从而有效地将阅读推广的理想目标落到实处。除外,阅读的价值也是图书馆人进行阅读推广和阅读宣传的核心和重点,因为只有人们发自内心地"认可"了、"相信"了阅读能给他们带来的价值,而不仅仅是从认知层面"知晓"了阅读的重要性,才能激发人们的阅读动机,进而自觉地产生阅读行为。毕竟就阅读推广而言,图书馆人的努力方向并不是从外部施压迫使人们阅读,而是引导和说服人们从自身内部产生阅读动力和阅读意愿。

第五,激发读者的阅读意愿和阅读兴趣并不是图书馆阅读推广的唯一目标,图书馆人还需要帮助人们提升阅读能力。本书的第四章从阅读的选择能力、感知能力、理解能力、思考能力、评鉴能力这五个方面出发,不仅为图书馆人提升自学能力提供了步骤和范畴,更为图书馆人指明了阅读推广中指导读者提升自身阅读能力的主要方向。

第六,激发读者的阅读意愿和提升读者的阅读能力都离不开良好的阅读方法,可以说,掌握良好的阅读方法是促进人们自主产生阅读行为的重要一环。一方面,图书馆人要了解,人们没有养成阅读习惯,并不能一概而论地认为是其自身缺乏阅读兴趣,因为有些潜在读者本身是对阅读感兴趣的,也对阅读有一定的需求,但是由于没有习得相应的阅读方法,因而每次阅读都找不到正确的路径,结果便是读了很多却收获很小,自然觉得阅读无用,于是便不再阅读;另一方面,图书馆人还要明确,掌握良好的阅读方法能够提高人们的阅读效率,让人们可以在无限的阅读对象中迅速地抓住核心和根本,不断地提升自身的认识,以便更准确地洞悉世界的真理。因此,本书在第五章分门别类地介绍了五种最基本的阅读方法,以期为图书馆人进行阅读教育和阅读干预等实践活动提供优良的素材和指导。

总而言之,本书首先从图书馆与阅读推广的关系入手,阐释了图书馆进行阅读推广的必要性、必然性和合理性,随后从阅读历史、阅读概念、阅读能力、阅读方法等层面揭示了阅读及阅读推广的基本方向和实践规律。

二、研究和遵循"执两用中"的行事原则,以实现阅读推广"化人以立人"的终极旨归

本书还需要在结语处特别论述一个重要问题:图书馆阅读推广的终极旨归。这是对以上已经论述的图书馆阅读推广的应然目的和核心价值的进一步延伸,也是对图书馆阅读推广"第一性原理"的阐释。

由以上论述可知,图书馆阅读推广的目的是通过促进"把书提供给读者,并把读者引向书"的动态循环过程,实现"每个读者有其书""每本书有其读者"的理想,进而实现"书是为了用的"的核心主张。因此,在阅读推广中,无论是完善读者的阅读条件、提升读者的阅读能力,还是培养读者的阅读兴趣、激发读者的阅读需求,其目的都是为了让更多的人产生更多的阅读行为。而这么做的深层意图便是让更多的人通过阅读来汲取文献中的智慧和精华,进而发挥文献对个体及社会的影响和作用。换言之,图书馆阅读推广是以鼓励和促进阅读作为出发点,并以文献得到充分利用为归宿的。因此,在这个意义

上,也可以将图书馆阅读推广理解为以促进阅读为路径的"文献推广",其最终目的是最大限度地发挥文献对人的价值。既然是以人为对象来发挥文献的价值,那么,阅读推广的研究与实践,除了离不开文献所记录的内容外,还必须始终以人的生存发展需求为尺度。而这也是图书馆之所以要重视和研究读者(指作为具体个体的读者而非抽象的、一般意义上的读者)的根本所在。

那么,对人的生存发展而言,文献具有哪些价值呢?目前,图书馆学界普遍认为,文献是记录有知识的一切载体。文献的价值不在其外壳——物质载体,而在其内核——知识内容。所以,要揭示文献对人的价值,就必须揭示文献所记录的知识对人的价值。而知识与人的生存发展之间存在着怎样的关系呢?

人是具有双重生命的特殊存在物:第一重生命是由物种规定的肉体生命,也可称之为本能生命,是人从父母那里获得的先天自然生命。人和动物一样,都拥有最原始的生物学意义上的本能生命。因此,《孟子·离娄下》曰:"人之所以异于禽兽者,几希。"人不能仅仅停留在本能生命阶段,必须要超越本能生命而走向第二重生命,即由人自己所创造的、自为的精神生命。精神生命是人在获得自然生命后,为求得更好的生存与发展,在实践活动中不断习得社会规范和历史记忆的社会化过程。由于这个社会化过程离不开知识的学习和积累,所以这重生命也可称为知识生命。人的生命,正如尼采所说的,是一个不断超越自然本性、从动物这端逐渐走向"超人"那端的过程。人区别于动物而成为人的关键不在于人所本有的自然生命或自然之性,而在于人在参与社会实践的过程中,通过学习、积累和运用知识而实现的对自我的塑造与超越。可以说,人之所以为人,必须依赖于一个经由后天学习而"成人"或"成己"的动态过程,即一个"日生而日成"(王夫之)的知识生命的建构过程。

知识与"人之成人"之间存在着密切的内在关联。从人的角度来说,知识是人实现自身生存与发展的必要条件。知识能够使人区别于其他存在物而成为真正意义上的人,并使人在知识的引导下不断地超越自己、修养自己、完善自己,最终实现自身的全面发展。与此同时,知识也在为人的生存与发展的服务过程中实现了自己的价值,得到了现实的确证。知识本身并没有价值自足性,它是"属人"的,知识价值的有无、大小必须从人的角度来判断和言说。《荀子·解蔽》曰:"凡以知,人性也;可以知,物之理也。"知识不仅不能脱离对象,更不能脱离主体——人而存在,而且只有当它被作为人的存在及发展方式时,它才有价值和效用可言。一旦失去了与人的联系,不再从属于人在纯粹经验世界中的具体实践需要,知识将无任何意义。因此,知识是人的知识,它必须始终以人的利益为核心,以成就人、发展人为旨归。知识的最终价值和最终目的在于服务人的生存与发展,即,使人成为全面发展的人。

由以上论述可知,从图书馆自身的生存与发展角度看,图书馆阅读推广的最终目的是最大限度地发挥文献(实为文献所记录的知识)对人的价值,以重拾图书馆的存在价值。尽管人们习惯于仅从抽象的概念层面言说知识,但知识的本质是在人的生存意义上生成的,它的作用和现实形态也是在人的生活世界中实现的。对人来说,知识的价值就在于它能够实现人的存在意义,满足人全面发展的需求,使人过上更好的生活。换言之,知识是用来"化人"和"立人"的。而记录知识的文献也就成了"化人之具"和"立人之具"。因此,从人的生存与发展角度看,以促进阅读为方式来激活文献(知识)价值的图书馆阅读推广,其根本价值就在于"化人以立人"——使人成为真正的人,并实现人的全面发展,简言之,就是运用文献(知识)的力量实现对人的培养和确立。

既然图书馆阅读推广是通过传递知识来实现"化人以立人"的根本价值和终极旨归,那么,"化人以立人"需要哪些知识呢?对于人的存在与发展而言,有两方面内容是不可或缺的:一是弄清世界的本来面目,知道世界"是"什么;二是弄清这个世界同人的生存与发展之间的关系,知道人"应当"如何对待世界上的一切现象,并寻求最佳的生活方式。与这两方面内容分别对应的,是由英国哲学家休谟所提出的两大知识类型:事实知识与价值知识。事实知识是对客观存在的事物、现象的一种如实的、精准的反映,它必须与客观事实相符合,即必须具有可证实的"真"之属性。价值知识则是关于人如何处理好人与自然、人与社会以及人与人自身之间关系的知识,因而它内含"应该如何实践"的价值判断与评价,是求"善"的。

事实知识与价值知识虽然属于不同的知识类别,但并不是二元割裂和截然对立的,而是相互联系、互补互彰的统一体。首先,价值知识与事实知识是相互依赖、密不可分的。价值知识必须建立在事实知识的基础上,否则就会出现谬误;而事实知识则必须以价值知识为归趋,否则不仅会失去存在意义,还可能因为失去制约而造成诸多负面影响。离真求善,只得惑,不得善。同样的,离善求真,只得妄,不得真。概括而言就是:价值知识("善"知识)以事实知识("真"知识)为根据,事实知识("真"知识)以价值知识("善"知识)为导向。其次,价值知识与事实知识是相辅相成、和而不同的。辜正坤认为,价值知识是阴性偏重的知识,事实知识是阳性偏重的知识,那么这两种极性相反的知识应是相辅相成、互补互彰的。它们如同鸟之双翼、车之双轮一般,共同构成了现代知识的阴阳太极圈。孤阴不长,孤阳不生。作为太极圈中的两极,这两种知识虽然大异其趣,但实际上是互构、互补、互证、互彰、互相砥砺和互为进退的。最后,事实知识与价值知识的区分是在生存论意义上产生的,它们皆是植根宇宙的和谐和大脑的结构本性之中而且为人类幸福所必需的,因而它们必然统一于人类的实践活动之中。人的生存与发展既需要事实知识的支持,也需要价值知识的引导。事实知识用以指导现实的生产活动,为人创造富裕的物质生活;价值知识则为人的存在和发展提供意义,提升人的精神修养和思想境界。虽然两者对人的生存发展发挥着不同的作用,但两者"途虽殊,其归则同;虑虽百,其致不二",其最终目的都是为了人的根本利益和人的幸福生活。

无论是事实知识,还是价值知识,它们皆是源于人类的生理与心理需要,对人的生存与发展都是不可或缺的。如果偏废一端,人的确立与发展必然会不健全。也就是说,人若想成为全面发展的人,就必须依赖于全面而丰富的知识,即必须全面拥有事实知识和价值知识。两种知识的协调发展,既是人的全面发展的内在要求,也是促进人的全面发展的有效手段。在这个意义上,以"化人以立人(实现人的确立与全面发展)"为根本价值的图书馆阅读推广,就必须遵循"执两用中"的行事原则,以保证在兼顾事实知识与价值知识的推广过程中,能够时刻保持一种不偏不倚、恰到好处的合乎中道的状态,使得事实知识与价值知识能够得到协调而均衡发展,进而使人得到全面的发展。

然而,需要注意的是,在图书馆阅读推广中实践"允执厥中"原则并非易事。因为"中"这一理想状态并不是一个一成不变或永恒凝固的定点,它的具体样态是随着当下时境的变化而不断变动的。在不同的时境中,使行为达到中正状态的点也是不同的。对此,朱熹在《四书章句集注》中曰:"中无定体,随时而在。"直接揭示出"中"本身就蕴含着的"时措之宜"之意,指明"中"的内在精神就在于"时中"。因此,对"中"的把握,必须"审时度势""知时达变",针对当下的具体时境,"依时而中""随时处中"。只有这样,才能够在因时而异的事件中求其所当,取得最佳效果。反之,如果不能保证因时而动、因时制宜的变通性和灵活性,人的思想和行为就会"胶于一定之中而不知变",泥守一端而偏离中道,从而陷入"极则必反"的恶劣状态中。因此,图书馆在兼顾事实知识与价值知识的阅读推广过程中,为了实践"随时变易以从中道"的理想,必须对当下的时代境遇进行分析,明确事实知识与价值知识之间的发展情况,并在此基础上采取相应的策略,调和两者以使之达到平衡。

毋庸置疑的是,在进入现代社会以后,科学技术获得了空前的发展,为人类创造了一系列辉煌成就,极大地改善了人们的物质生活水平,科学技术的地位也因此不断攀升,逐步确立了其在人类生活中的统治地位。随之而来的,是知识观念的彻底改变,事实知识逐渐成为知识体系的核心,科学主义知识观也以势不可挡之势占据了知识观念领域的绝对主导地位,成为衡量一切知识的标准。科学主义知识观遵循着本质主义的思维方式,限定了知识的基本类型和标准方法,它视知识为一种客观的、普遍的、能够通过理性和逻辑证实的"真信念"。在科学主义知识观的关照下,科学知识范式成为衡量一切知识正确与否的唯一标准,所有的知识都必须接受科学知识范式的检验和审视,唯有符合科学知识范式的知识才能获得其"合法地位",而不符合科学知识范式的知识则被贬斥在知识体系之外。在这一过程中,事实知识受到了顶礼膜拜,而价值知识却日渐衰落。在科学范式的强势规范下,人类原本统一而完整的生活世界被理念符号重构了,人类世界的丰富性、复杂性也被单一的建构标准扼杀了。原本产生于生存论意义上的、具有双重维度的知识,也被化约成只能助人增益改造外部世界能力的事实知识。

尽管事实知识能够为人们达到某一目的提供有利工具,但终极目标本身和要达到它的渴望却必须来自另一源泉,也就是说,关于"是什么"的这类知识并不能直接打开通向"应当是什么"的大门。真正决定人类的终极目标的是价值知识,而这种知识却在科学主义知识观的影响下被边缘化了。与热切地寻求事实知识以改进物质生产手段相比,人对自身境遇和终极价值的探问则冷淡了许多。对此,胡塞尔在《欧洲科学危机和超验现象学》一书中感叹道:"现代人让自己的整个世界观受实证科学支配,并迷惑于实证科学所造就的'繁荣'。这种独特现象意味着,现代人漫不经心地抹去了那些对于真正的人来说至关重要的问题。"而这些被抹去的至关重要的问题,也就是弗洛姆眼中被人所忽视的"人类生存最重要、最基本的问题",即关于"人是什么,他应该如何生活以及如何发挥其所秉有的无比能力而予以创造性的运用"的终极价值问题。在人背离"价值"而义无反顾地走向"科学"的过程中,人的生存世界严重失衡了,人也陷入了"顾此失彼"的片面化发展旋涡中,不仅丧失了自身的完整性、全面性,而且从根本上遗忘了自身的存在,变得"无家可归"。

面对社会中知识体系严重失衡(事实知识膨胀、价值知识旁落)所造成的人们无处安身的现实,从社会整体层面看,图书馆人在阅读推广实践中应该立足于具体时境下的实践,在积极推广事实知识的同时,也不忘推广价值知识。这样做一方面是为人们提供安身立命的基础,使人能够在价值层面上获得自身的确立与发展,另一方面则是为了调和现有的知识体系,使事实知识和价值知识两者能够协调发展,共同为人的确立和全面发展提供智力支持。至此,或许会有人质疑,首倡价值知识,或首倡事实知识,都是偏向一边的做法,这种方式怎么能使两者达到"合乎中道"的平衡发展呢?其实,这种根据现实情景进行侧重推广以处中的举措,在庞朴的《儒家辩证法研究》中早已有所说明:所谓"此一时也,彼一时也"的情况,从局部看确实是偏颇的,但这种偏颇实为对另一种偏颇的调和。如当科学不振时,故应首倡科学;当人文不振时,则应首倡人文。因此从整体上来看,这种"一时偏向一端"的做法则是走向高明、走向中道的必经之路。相反,不问时变地执泥守中,盲目地将对立统一的两者作等价观,才会导致最大的偏执。由此可见,"合乎中道"的阅读推广原则其关键就在于灵活权变,它并不要求阅读推广人时刻都以同样的力度对两者进行无差别的推广,而是指导阅读推广人应以具体时境为准做灵活应对,以求在整体上达到动态平衡。因此,在具体的阅读推广工作中,每个图书馆都应结合自身的具体情况随机应对,以充分发挥文献(知识)对人的积极作用。

三、创造和运用灵活多变的推广形式,以完成图书馆"促进阅读"的关键使命

图书馆"促进阅读"这一使命的有效实现,需要借助于多种不同类型的、具体的阅读推广活动。这些活动虽然没有固定的模式,但必须能有效地帮助图书馆人达成初始的目标。因此,为了达成理想目标,图书馆人需要灵活多变,根据自身所面对的不同情况合理地选择活动类型、策划活动内容。下面以某高校的阅读协会为案例,以期为图书馆人提供举办活动的思路。

阅读协会是某高校图书馆进行阅读推广的重要机构,它自成立以来,便以"化人以立人"为根本目的和终极旨归,以"允执厥中"理论为实践原则,以本校师生的实际情况为基础起点,推出了一系列促进阅读的实践活动,并获得了较好的反馈和评价。该协会在举办活动时主要遵循以下三点基本原则:

第一,重视科学和人文的完美调和。该阅读协会下设多个阅读推广品牌活动和项目,其中较具代表性的便是读书分享会活动。读书分享会活动有大型和小型之分。大型的读书分享会活动一般设在大型的阅读节日期间,如每年4月23日的世界读书日等。小型的读书分享会则不定期举行,有的是以每日打卡的共读形式进行的,有的则是围绕固定主题或书目的多次探讨。每次的读书分享会都要设置一定的论题,这些论题主要分为两个方面:一是以倡导科学精神、传授科学研究方法为核心的内容,如探讨苏格拉底的辩论法、爱因斯坦的科学理念等;二是以倡导人文精神、激发人文情怀为核心的内容,如谈论孔子的人生智慧、孟子的生命理念、罗曼·罗兰的人文精神及维克多·弗兰克的超越思想等。这种兼顾科学与人文的读书分享会,既重视对理性思维的培养,同样也教会读者去品味生活之美,找到人生的前进方向。

第二,做到传统和现代的两手兼顾。传统和现代的两手兼顾,同样体现在阅读推广活动的主题上。在弘扬传统文化方面,该阅读协会既推出了多种线下活动,如汉服表演和解说、中国传统经典主题读书分享会等,又举办了多种

线上活动,如举办《永乐大典》等大型展览、组织线上共读四书五经活动、设置"国学书苑"专门阅读栏目、推送中国传统节日纪念活动的系列微信公众号推文等。在弘扬现代理念方面,该阅读协会主要以推送相应的阅读书单和主题推文为主。阅读书单和主题推文的形式也比较灵活和多样,能够满足读者的不同阅读需求。

第三,保持严肃和活泼的动态平衡。为了吸引更多的读者参与阅读推广活动,进一步激发读者的阅读兴趣,该阅读协会在活动方式上也采取非常多元的方式。既有传统的、较为严肃的促进阅读方式,如撰写阅读倡议书、举办各种学习类讲座、举办线下图片展览、组织朗读会等,又有新型的、较为活泼的促进阅读方式,如推送文学影单、举办电影欣赏会和讨论会、组织由经典名著改编而成的影视作品的配音比赛等。除此之外,该图书馆的阅读推广工作人员还积极向读者征集各种不同形式的活动方法,以保持活动的新颖性和有效性。

最后,借用雅斯贝尔斯的观点来为本书画上一个圆满的句号。雅斯贝尔斯在《大学之理念》一书中指出,所有的智识职业,都和整全的人以及整体人类生活的境况有关联。倘若其中有哪一门职业疏于促进人们和整体之间相互关联,疏于培养人们对整体的感受力,疏于向人们展示知识的广阔视野,或者疏于训练人们从哲学的角度思考问题,那么,这门职业必定是没有远见的,也是不人道的。作为社会中不可或缺的智识职业,图书馆员及图书馆学研究者也是与整全的人相联系的。即便是在科学技术不断更新的今天,图书馆服务于人的本质并没有发生改变,它仍是将文献(知识)与人联结起来的重要中介。图书馆员及图书馆学研究者唯有从人的存在与发展角度出发来审视图书馆,才能够准确地把握图书馆的存在本质与价值取向等根本性问题。图书馆的存在与发展始终是以"人的幸福"为终极关怀的。而图书馆实现这一终极关怀的主要方式就是阅读推广,即通过最大限度地促进阅读、推广文献、传递知识,使更多的人从文献中获益,进而更好地实现自身的确立与发展。可以说,阅读推广体现了图书馆利用文献(知识)服务于人的核心价值。也正是在这个意义上,阅读推广不仅是图书馆面临压力和危机时的应对方式,更是图书馆必须放在首位的核心工作。

参 考 文 献

[1] 阮莉萍,朱春艳.阅读推广理论与实践[M].武汉:武汉大学出版社,2018.
[2] 弗兰克·富里迪.阅读的力量:从苏格拉底到推特[M].徐弢,李思凡,译.北京:北京大学出版社,2020.
[3] 司新丽.全民阅读推广路径研究[M].北京:首都经济贸易大学出版社,2018.
[4] 申克·阿伦斯.卡片笔记写作法:如何实现从阅读到写作[M].陈琳,译.北京:人民邮电出版社,2021.
[5] 邱冠华,金德政.图书馆阅读推广基础工作[M].北京:朝华出版社,2015.
[6] 张岩.图书馆家庭阅读推广[M].北京:朝华出版社,2017.
[7] 熊静,何官峰.中国阅读的历史与传统[M].北京:朝华出版社,2017.
[8] 邱冠华.图书馆讲坛工作[M].北京:朝华出版社,2017.
[9] 朱永新.朱永新教育作品集[M].北京:中国人民大学出版社,2011.
[10] 王龙.阅读史导论[M].北京:国家图书馆出版社,2017.
[11] 贾森·默克斯基.焚毁书籍:电子书革命和阅读的未来[M].韩玉,张远,林菲璟,译.北京:电子工业出版社,2016.
[12] 徐雁,李海燕.全民阅读知识导航[M].南京:南京大学出版社,2016.
[13] 曾祥芹,张维坤,黄果泉.古代阅读论[M].郑州:大象出版社,1992.
[14] 傅荣贤.中国古代图书馆学思想史[M].合肥:黄山书社,2016.
[15] 韩永进.中国图书馆史[M].北京:国家图书馆出版社,2017.
[16] 任继愈.中国藏书楼[M].沈阳:辽宁人民出版社,2001.
[17] 傅璇琮,谢灼华.中国藏书通史[M].宁波:宁波出版社,2001.
[18] 蒋永福.中国古代图书馆学研究[M].北京:中国社会科学出版社,2021.
[19] 曾祥芹.汉文阅读学导论[M].北京:中央文献出版社,2004.
[20] 曾祥芹,韩雪屏.阅读学原理[M].郑州:大象出版社,1992.
[21] 杨威理.西方图书馆史[M].北京:商务印书馆,1988.
[22] 吴晞.任务、使命与方向:图书馆的阅读推广工作[J].图书馆杂志,2014(4):18-22.
[23] 范并思.从阅读到全民阅读:图书馆阅读推广的理论逻辑[J].图书馆建

设,2022(6):44-52.

[24] 马坤坤.基于内容营销的深度数字阅读推广研究[D].南京:南京农业大学,2020.

[25] 莫提默·J.艾德勒,查尔斯·范多伦.如何阅读一本书[M].郝明义,朱衣,译.北京:商务印书馆,2004.

[26] 史蒂文·罗杰·费希尔.阅读的历史[M].李瑞林,贺莺,杨晓华,译.北京:商务印书馆,2009.

[27] 尼古拉斯·卡尔.浅薄:你是互联网的奴隶还是主宰者[M].刘纯毅,译.北京:中信出版社,2015.